ÉTUDES ÉGYPTOLOGIQUES ET BIBLIQUES
À LA MÉMOIRE DU PÈRE B. COUROYER

ISBN : 2-85021-090-0
ISSN : 0575-0741

ISSN 0575-0741

CAHIERS DE LA REVUE BIBLIQUE

36

ÉTUDES ÉGYPTOLOGIQUES ET BIBLIQUES
à la mémoire du Père B. Couroyer

Sous la direction de Marcel SIGRIST, O.P.

PARIS
J. GABALDA et Cie Éditeurs
Rue Pierre et Marie Curie, 18
—
1997

PRÉFACE

Le 21 février 1993, le Père Bernard Couroyer retournait à la « maison du Père » après une vie bien remplie, qui avait trouvé son équilibre entre une intense activité académique, sous la forme d'un enseignement et d'une recherche dans les langues et cultures du Proche-Orient ancien, et une présence discrète mais fidèle à tous ceux dont il partageait la vie.

Vénérable et vénéré patriarche de l'École Biblique jusqu'à ses 93 ans, le Père Bernard Couroyer a laissé le souvenir d'un érudit et d'un homme de Dieu.

Aussi paraissait-il approprié de commémorer l'anniversaire de sa mort par un colloque portant sur un sujet qui lui était familier, à savoir le passage de la mer Rouge, dont il avait médité durant des années les subtilités et les difficultés.

Je remercie chaleureusement tous les participants de ce colloque tenu le 7 mars 1994 à l'École Biblique pour leur contribution à la question toujours tant débattue de la présence et de l'influence des Sémites de l'Ouest en Égypte.

Il y avait alors parmi nous le professeur Aaron Kempinski du Département d'archéologie de l'université de Tel-Aviv. Sa mort soudaine et prématurée durant l'été de cette même année nous a privés de sa compagnie et de l'amitié d'un grand archéologue. Sa contribution, qui faisait la synthèse des diverses conférences manque de ce fait dans ce volume.

Marcel SIGRIST, O.P.

Directeur de l'École Biblique
et Archéologique Française de Jérusalem

BIOGRAPHIE INTELLECTUELLE
DU R. P. B. COUROYER

(3 juillet 1900 — 11 novembre 1928 — 21 février 1993)

Retracer la biographie intellectuelle du regretté P. Couroyer est une tâche redoutable. Beaucoup parmi vous l'ont mieux connu ou plus longuement côtoyé que moi, et ils auraient été plus à même d'en parler. Il m'a en tout cas été donné d'être son commensal, voire par certains aspects un de ses disciples, pendant les vingt-deux dernières années de ses soixante-quatre ans, quatre mois et dix jours à Jérusalem. En m'exprimant ainsi, j'imite la précision exemplaire du maître — car, dans sa timide bonhomie, il était un vrai maître ; et ceux qui l'ont approché ont pu percevoir, à la qualité du contact et de l'échange simple et chaleureux, un homme infiniment perspicace et ouvert, à ses moments un brin malicieux mais toujours avec humour, plein de respect et de charité.

B. Couroyer arriva à l'École biblique le 11 novembre 1928, après des études très solides en lettres classiques et langues modernes et une bonne formation en philosophie et théologie au Saulchoir. Sa mémoire phénoménale faisait l'émerveillement de tous. Jusqu'à la fin de sa vie il lui arrivait, au détour d'une conversation ou dans d'autres circonstances, de déclamer des tirades d'auteurs grecs, latins, allemands, anglais, français et autres : bref, les grands classiques des humanités lui étaient restés familiers, bien au-delà de simples souvenirs.

Cet esprit éveillé et doué, curieux et cultivé, se mit au travail dès sa première année à Jérusalem et, à l'école des maîtres de la première génération, prépara son examen de licence en Écriture Sainte pour la Commission biblique, auquel il fut reçu en 1929. Plus tard, il fut honoré du titre de Maître en théologie dans l'Ordre dominicain. Sa biographie intellectuelle se répartit sous deux types d'activités, celle du professeur et celle du savant.

Le professeur.

Le P. Lagrange l'appela en vue d'une formation et d'un enseignement en assyriologie. Mais le Directeur de l'époque, P. (É.) Dhorme, ne l'entendit pas ainsi et lui demanda de se dédier à l'égyptologie, ce que fit le jeune père dans sa religieuse obéissance. Sans plus tarder, il suivit avec ardeur les cours de copte du P. Abel et, en autodidacte, dut remonter dans le temps, sur les traces du jeune Champollion déchiffrant les hiéroglyphes : dès l'année suivante, en 1929, il remplaça Abel pour le copte auquel il ajouta l'égyptien. Ce cours de copte et d'égyptien dura jusqu'en 1932. Après un séjour un peu prolongé au Caire pour surveiller la construction de l'Institut dominicain, il reprit les cours d'égyptologie, mais cette fois en distinguant le cours de copte et celui d'égyptien, et cela jusqu'en 1939 — avec une interruption d'un an en 1935-1936 pour l'égyptien. Il donna ces mêmes cours à la rentrée en 1945, et ce sans interruption jusqu'en 1971, à la veille de ses soixante-et-onze ans accomplis. B. Layton le remplaça pour le copte mais le cours d'égyptien annoncé dans le programme 1971-1972 n'eut pas lieu. M. H. Cazelles, qui avait été son élève en 1945-1946, demanda au jeune boursier que j'étais de suivre ce cours ; P. Couroyer me dit : « Oui, P. Émile, à une condition, cinq heures par jour pendant cinq ans ! » Cela voulait dire qu'il arrêtait son enseignement à moins qu'un successeur ne se présentât, auquel cas il était disposé à passer le flambeau. Mais dans les circonstances de l'époque, je ne pouvais être ce successeur. Par la suite, il m'avoua à plusieurs reprises qu'il aurait aimé former un disciple, et lui transmettre ses dossiers et son enthousiasme pour continuer à labourer le champ qu'il avait commencé à explorer : il restait tant à faire, dans le domaine qui lui avait été confié des relations entre la Bible et l'égyptologie !

Mais il n'y avait pas que l'égyptologie. Dès 1929, Couroyer succéda au P. Barrois pour enseigner l'hébreu biblique ; et il assura ce cours, par-delà la coupure de la seconde guerre mondiale, jusqu'à la relève assumée par le P. F. Lemoine en octobre 1952. À peine relevé de l'enseignement de l'hébreu, il fut chargé du cours d'arabe à la suite du P. Marmadji en octobre 1955 ; cela dura jusqu'à ce que le P. Khoury prenne la relève à la rentrée de 1976.

Au total, Couroyer n'enseigna jamais que des langues orientales, dix-huit ans l'hébreu, trente-sept ans le copte, trente-six ans l'égyptien et vingt-et-un ans l'arabe, soit quarante-deux ans de professorat — sans compter la coupure de la seconde guerre mondiale, qu'il passa au Consulat

Général de France comme opérateur-radio. Ses longues années d'enseignement expliquent sans peine son activité de savant, et laissent entrevoir une partie du grand champ de ses connaissances et compétences.

Pendant de nombreuses années, Couroyer ne chôma pas : examinateur dans les épreuves de français pour les grades académiques dans diverses institutions de Jérusalem et de Bethléem ; traducteur d'articles en anglais pour la Revue biblique — rendant de grands services aux lecteurs francophones — ; conférencier apprécié dans les cycles des conférences de printemps à St-Étienne ou ailleurs. Avant la seconde guerre mondiale, il fut membre de la *Palestine Oriental Society* de Jérusalem, élu Vice-Président en 1937 et 1939 et Président en 1938 (l'année de la mort du P. Lagrange) ; ce fut N. Glueck qui lui succéda. Dans ce cadre, il donna une conférence en 1937 sur « La lecture du nom d'Horemhet » — lecture à retenir pour le nom du dernier pharaon de la XVIIIe dynastie, au lieu de Hourounemhet parfois avancé afin d'y reconnaître une divinité sémitique. La dernière conférence qu'il donna à l'École, il y a quatre ans — il avait quatre-vingt-dix ans -, portait sur le déchiffrement des hiéroglyphes par J.-F. Champollion, à l'occasion du deuxième centenaire de la naissance de mon illustre voisin à Figeac sur le Lot en 1790.

Une des activités qu'il exerça — avec la précision et l'application que l'on sait — jusque dans les derniers mois de 1992 fut la tenue du registre des relevés pluviométriques dans le jardin de St-Étienne. Il aimait comparer avec les données des stations voisines de Ste-Anne, de la Maison d'Abraham et de l'Institut biblique. À l'origine, ces relevés avaient été demandés par le service météorologique du Mandat britannique.

Le savant.

Cet enseignement et ces conférences situent parfaitement bien les thèmes de recherche spécialisée du P. Couroyer dans l'esprit de l'École voulu par son fondateur. L'étude de la Bible dans son milieu requiert une connaissance aussi poussée que possible des langues bibliques d'une part, et des langues orientales anciennes, des milieux et civilisations d'autre part. Au fil des années se forgea sa spécialisation : « Bible et égyptologie ». Certes il ne devint pas homme de terrain ; mais il connaissait fort bien les travaux et découvertes, grâce à ses nombreux voyages et séjours dans les pays environnants dont il parlait la langue vernaculaire. Il accompagna d'ailleurs plusieurs fois les étudiants en

Égypte dans le cadre des excursions de l'École. Au demeurant, chacun sait qu'une science comme l'égyptologie requiert avant tout la connaissance des écritures et des langues réparties sur quelque trois millénaires. Toutefois, il pratiquait à sa manière l'approche du terrain par l'étude des objets et monuments : sa dernière contribution sur ce point, écrite dans les années 70 mais à paraître dans un avenir que nous espérons pas trop lointain, porte sur les dix-huit scarabées ou empreintes de scarabées trouvés par le regretté P. Lapp dans les fouilles de Tell Taʿanak.

On raconte — mais j'en fus moi-même plusieurs fois témoin — que, consulté pour une expertise d'objet archéologique, principalement des scarabées, statuettes ou inscriptions, il émettait presque invariablement ce premier avis : « C'est un faux ! » Puis, y regardant à deux fois, et caressant de sa main son petit bouc, il reprenait, fier de son jugement : « Je vous ai bien dit que c'est un faux authentique ! » En effet, il avait toujours présente à l'esprit l'aventure des célèbres « faux Shapiro » de la fin du siècle dernier, démasqués, avec l'autorité magistrale dont il avait le secret, par le célèbre épigraphiste Ch. Clermont-Ganneau. Épigraphiste lui-aussi, il ne voulait pas qu'on lui en racontât. Mais il lui arrivait de douter en lui-même ; alors, après avoir examiné avec soin tous les détails, dès le départ de son visiteur, il se précipitait à la bibliothèque, dessinait ce qu'il avait vu et se mettait fébrilement à la recherche d'un parallèle ou de quelque chose d'approchant, mettant à contribution sa fidèle mémoire des planches de milliers d'objets disséminées dans de nombreux ouvrages. Il n'avait de cesse qu'il ne trouve soit le parallèle exact pour déclarer *a posteriori* l'authenticité de l'objet, soit les divers éléments qui avaient permis la fabrication du faux. Comme lors d'une boutade ou d'un calembour, sa joie rayonnait alors, il tapait sur sa cuisse et venait vous faire la démonstration. Ainsi m'a-t-il personnellement initié, sans le chercher, à cet art de la prudence et à l'examen attentif de tous les détails. Je lui en suis profondément redevable et reconnaissant.

Mais la contribution principale de cet esprit érudit réside dans les recensions, les comptes-rendus et les articles. Pour la première décennie, jusqu'au début de la seconde guerre mondiale, j'ai compté plus de soixante-dix recensions et comptes-rendus portant principalement sur la langue hébraïque et un ensemble de contributions touchant l'égyptologie — le P. Vincent s'étant cependant réservé la part du lion en ce qui concerne les monuments égyptiens —, et seulement quatre articles sur des thèmes précis relatifs à l'égyptologie.

De 1945 à 1952 (qui marque la fin de ses cours d'hébreu), et tout en assumant sa charge de procureur au couvent St-Étienne à une période difficile, Couroyer appliqua l'essentiel de ses énergies à la traduction du Livre de l'*Exode*, qui lui revenait de droit dans le projet de *La Sainte Bible (= La Bible de Jérusalem)* mis au point par le P. Chifflot en 1945. Il s'efforça de comprendre au mieux ce texte parfois difficile du point de vue de la lexicographie et de la syntaxe, et de le rendre en français dans un style alerte et varié, en évitant autant que possible un littéralisme servile. La première édition parut en 1952, la seconde en 1958, la troisième en 1968 et le Père préparait depuis quelque temps la révision pour une nouvelle édition, travail que doit poursuivre le P. J. Loza.[1] Pendant cette période, Couroyer écrivit six articles se rapportant à des passages de l'Exode ou traitant de mots ou expressions d'écrits sapientiaux en rapport avec la littérature de sagesse égyptienne, et une vingtaine de recensions ou comptes-rendus relevant directement de ses champs de recherche.

Pendant les deux décennies suivantes, de 1953 à 1971 (qui marque la fin de son enseignement de l'égyptien et du copte), Couroyer publia vingt-huit articles, onze recensions et quelque cent-cinquante comptes-rendus qui valent parfois bien des articles. Je pense en particulier à ses fines remarques sur la vraie signification de « au-dessus » et « au-dessous » des manuscrits araméens d'Égypte des publications de Kraeling et de Porten concernant l'orientation en usage chez les Égyptiens, respectivement « sud » et « nord », et non selon l'orientation courante des milieux sémitiques qui est juste à l'opposé. Les Araméophones avaient dû forcément adopter la pratique cadastrale du pays. Comme les auteurs ne tenaient pas compte de ses remarques pourtant clairement exposées mais peut-être aussi trop enfouies dans un compte-rendu, Couroyer dut y revenir dans plusieurs articles par la suite. Je pense encore à une longue note, fort précise et importante, au bas d'une page d'un bulletin rendant compte de l'article de W. Dever sur les trouvailles de Kh. El-Qôm : il y résout l'énigme du mot *pym* sur les poids judéens (= 2/3 de sicle), et bien d'autres notes de ce genre concernant la philologie, l'onomastique, etc. Mais on pourrait en dire autant sur des sujets bibliques et égyptologiques, par exemple la recension du livre de Barucq intitulé « L'expression de la louange divine et de la prière dans la Bible et en Égypte », etc.[2]

---

[1] Voir J. Loza, « Pentateuque », dans *L'Ancien Testament. Cent ans d'exégèse à l'École biblique* (sous la direction de J.-L. Vesco), CahRB 28, Paris 1990, pp. 105-110.

[2] Voir la bibliographie ci-dessous.

De 1972 à 1990, soit les deux dernières décennies après la mort du P. de Vaux, Couroyer a rédigé trente-et-un articles, une notule, six recensions et quelque quatre-vingts comptes-rendus (ces derniers jusqu'en 1987), toujours avec la même finesse et la même précision, « sans avoir l'air d'y toucher » : on y trouve bien des remarques pertinentes qui dénotent une profonde familiarité des sujets, beaucoup de bon sens et une érudition impressionnante. C'est dire que même à l'âge de la retraite bien sonné, — cinq articles en 1981 pour ses quatre-vingt-un ans !, trois en 1988 pour ses quatre-vingt-huit ans ! et un pour ses quatre-vingt-dix ans en 1990 ! —, l'esprit curieux du regretté P. Couroyer était resté des plus actifs : il n'avait jamais autant publié. Se sentait-il libéré, plus confiant ? À vrai dire, il avait retrouvé comme une nouvelle jeunesse, s'intéressant toujours à tout, et poursuivant cependant ses propres pistes de recherche avec ténacité comme s'il avait le sentiment de n'avoir pas encore donné toute sa mesure, ou comme s'il s'appliquait à lui-même le résultat d'une de ses études en 1970 : « De la mesure dont vous mesurez, il vous sera mesuré » !

Il s'égarait rarement hors de ses chantiers favoris, même lorsqu'il étudiait les influences ou attaches égyptiennes d'expressions du Nouveau Testament, ou qu'il mettait en forme la documentation recueillie par Neuville pour « L'histoire d'une tribu semi-nomade de Palestine » décrivant les Bédouins Taᶜamirés situés au départ et au centre des découvertes des manuscrits de Qumrân, ou encore lorsque « À propos des dépôts de manuscrits dans des jarres » il étendait la liste des témoignages de ce genre de dépôts jusqu'en Égypte. Il faut dire que, le temps et l'expérience aidant, son domaine de recherche s'était encore passablement étendu et sa compétence recouvrait un nombre impressionnant de sujets. Il suffisait d'aborder avec lui tel ou tel sujet pour qu'aussitôt lui viennent à l'esprit le mot juste, les références ou indications bibliographiques. Au fil des ans, le P. Couroyer avait assimilé, telle une encyclopédie ambulante, le contenu de la bibliothèque du Couvent St-Étienne qu'il connaissait parfaitement bien, cela va de soi. Il la fréquentait quotidiennement, et cela jusque dans les derniers mois de 1992 : assis à sa table de travail ou parcourant les rayonnages en quête d'une référence pour rédiger une note savante. Ces dernières années, il s'était fort documenté sur le cheval en Égypte et ailleurs, et sur les bateaux. Il avait sans doute quelque piste ou sujet en vue, mais volontiers cachottier, il ne révélait pas le titre avant d'avoir écrit sa note.

Les études techniques traitant de points de philologie et de langue égyptiennes sont publiées dans des revues spécialisées (*JPOS*, *BIFAO*, *Orientalia*), celles concernant les rapports entre Bible et égyptologie ont paru essentiellement dans la *RB* ou *VT*, *LA* ou dans des *Mélanges*.

Les thèmes « Bible — Égypte » lui étaient fournis par ses travaux de traduction de l'*Exode* — préciser le sens de tel mot ou expression, comme *pasaḥ* — « Pâque », « le doigt de Dieu », « Yahvé-Nissi », « avoir la nuque raide », etc., par son enseignement de l'hébreu pendant de longues années, par des comptes-rendus traitant des rapports de passages bibliques avec la civilisation égyptienne, principalement les textes sapientiaux et prophétiques[3] où les rapprochements sont plus attendus et discutés, ou encore par le désir, au détour du chemin, d'éclairer des passages obscurs, des mots mal compris, des textes corrompus, etc., qu'il avait repérés au cours de sa longue fréquentation des textes anciens. Ses réponses étaient toujours soigneusement soupesées, peaufinées, et abondamment documentées. Il ne lançait rien au hasard ni dans le vague, ni sans mille précautions quand un point échappait à la vérification dans l'état présent de la documentation.

Ayant bien des cordes à son arc il s'est particulièrement intéressé, dans une série d'articles, à comprendre tout ce qui touche à l'arc : les deux types d'arc, leurs fabrication et composantes, leur maniement, les flèches et leur nombre, ainsi que les expressions bibliques qui en font mention. Avec passion il entreprit d'identifier le monstre « Béhémôt et son glaive » — hippopotame ou buffle ? —, montrant par là qu'une analyse fine de toutes les données fournit une réponse différente de celle que les auteurs vont répétant. Très vite, Couroyer s'était aperçu qu'on ne peut traiter à la légère, en quelques pages, les rapprochements ou emprunts des mondes bibliques et égyptiens, mais qu'il fallait nécessairement d'abord les analyser avec précision, en tenant compte de l'évolution dans le temps du côté égyptien comme du côté biblique et nord-ouest sémitique, du sens des mots et des concepts, de leur contexte : tout cela avant de tirer des conclusions qui puissent « se recommander de l'apparence d'un soupçon non dépourvu d'une certaine vraisemblance », dirais-je en reprenant une de ses formules favorites. Ainsi, par exemple, put-il réfuter avec conviction les affirmations maintes fois répétées du savant égyptologue, le chanoine É. Drioton, concernant l'origine hébraïque de la *Sagesse d'Aménémopé*. L'étude

---

[3] *L'A.T. Cent ans d'exégèse...* (CahRB 28), *op. cit.* pp. 144-146; 172-173; 183-188; 190-191, et encore p. 27; 44; 51.

détaillée de nombreux passages l'amena à conclure à une origine égyptienne.

Ce n'est que vers la fin de sa vie que Couroyer osa traiter, en une série de trois articles, d'une question très débattue, aussi ancienne que l'égyptologie : peut-on parler de polythéisme ou de monothéisme des Sages de l'Ancienne Égypte ? On sait que le grand égyptologue É. Drioton concluait au monothéisme ; mais après une enquête serrée Couroyer — encore une fois — concluait à un hénothéisme, non à un monothéisme. À la fin de son enquête il exprima le souhait qu'un chercheur reprenne le problème et le résolve définitivement, s'estimant heureux d'avoir contribué autant que possible à le mieux situer dans son véritable enjeu, à défaut de l'avoir lui-même résolu.

Sans doute, Couroyer n'écrivit jamais de livre ou d'article de grande vulgarisation. Avant de vulgariser, disait-il, il faut d'abord chercher et avoir quelques réponses simples et solides à proposer. Cependant, dans une autre série d'articles,[4] – 1° « Ceux-qui-sont-sur-le-sable : les Hériou-Shâ », – 2° « La terre du Dieu », – 3° « Pount et la terre du Dieu », – 4° « Origine des Phéniciens », – 5° « Les Aamou-Hyksôs et les Cananéo-Phéniciens » (en deux séries), il a donné au bibliste et au lecteur non égyptologue, dans une grande fresque comparable à un vrai livre, une synthèse fort intéressante sur des populations, leur pays d'origine, leurs déplacements et leur sédentarisation, leur culture et religion — populations qu'il a suivies à la trace dans les textes et sur le terrain sur plus d'un millénaire, s'arrêtant à la XVIIIe dynastie. Et cependant avec sa modestie habituelle il concluait :

> « Je ne me flatte pas d'avoir résolu le problème complexe du peuplement de la Palestine qui divise archéologues et historiens. À partir d'une équivalence *t3 ntr = arṣ el* j'ai simplement tenté de présenter, organisées de manière différente et, me semble-t-il, cohérente, des notions par ailleurs déjà connues... Je ne m'attendais pas, en composant le premier article, que l'étude du dieu El me menât si loin et m'amenât à présenter une esquisse aussi vaste, nécessairement schématique comme toutes les esquisses. Je n'ai pas prétendu épuiser le sujet. J'ai certainement omis de citer des ouvrages importants — bien que je n'aie pas cité tous ceux que j'ai dû consulter. Je n'ai pas cru devoir, par souci de brièveté, discuter les

[4] Dans son ordre de classement qui n'est pas exactement celui de leur parution.

nombreuses théories élaborées sur les questions auxquelles j'ai dû toucher. Je me suis borné à analyser les documents et à exposer les faits tels qu'ils m'apparaissaient. J'ai dit ce qui avait été déjà dit, mais chaque fois que je m'en suis aperçu j'ai mentionné mes prédécesseurs, trop heureux de trouver quelqu'un de mon avis. Je n'apporte aucun document inédit et ma seule contribution est l'hypothèse de l'équivalence, déjà mise en œuvre à plusieurs reprises, de El-Elohim et de *ntr*. Si la nouveauté fait défaut dans les documents, certains textes me paraissent cependant avoir livré, en raison du nouvel angle sous lequel ils étaient envisagés, des renseignements supplémentaires dont je souhaite qu'ils puissent être de quelque utilité ».[5]

Tel était bien, me semble-t-il, le personnage que nous avons connu et apprécié. Et pourtant, le savant et érudit qui s'était frotté pendant plus de soixante ans, en spécialiste dans ces domaines, à l'approfondissement de nos connaissances, n'osait pas avancer une idée avant de l'avoir longuement mûrie, tournée et retournée dans sa tête, et enfin ciselée et polie. Avant de publier, il lui fallait encore comme un *imprimatur* ou un *nihil obstat* de ses pairs, si possible de plusieurs même, qu'il sollicitait volontiers. Comme il a regroupé ses publications en huit volumes en y insérant de nombreux éléments bibliographiques ou des réflexions, procédant ainsi pour chacune à une mise à jour systématique, j'y ai retrouvé un certain nombre de lettres d'égyptologues de renom, spécialistes de tel ou tel domaine, qu'il cite souvent en note ou dans un article qui reprend ou se rattache au sujet. Voici quelques extraits significatifs :

— H.J. Polotsky, le 30 mai 1955 (à propos de l'origine égyptienne du mot Pâque) : « ... je vous renvoie ... le manuscrit de votre article en vous félicitant de votre argumentation serrée ».

— M. Malinine, le 12 février 1961 (à propos du temple de Yaho) : « Je m'empresse de vous dire que je partage votre conviction au sujet de *tmꜣ*, *tmy*, etc. »

— G. Posener, le 4 janvier 1962 (à propos du tiré à part sur Aménémopé 1,19 ; 3,13) : « Vous avez entièrement raison au sujet de l'expression (x) et de son caractère bien égyptien. Cela ne fait aucun doute. Vous en apportez la preuve indiscutable. »

5 *RB* 81 (1974), pp. 522-23.

— G. Posener, le 6 juillet 1963 (à propos de *brk – mrk*) : « ... votre article qui m'a beaucoup appris et dont je trouve les conclusions très convaincantes. »

— G. Posener, le 22 septembre 1963 : « ...votre excellent article sur l'origine égyptienne d'Aménémopé. Vous avez raison sur toute la ligne. Ce que vous dites, il fallait le dire car trop de personnes s'étaient laissées impressionner par la thèse de l'origine hébraïque de cette Sagesse [celle de Drioton]. Outre Morenz, il y a eu Kitchen en Angleterre ; Ramlot se montre hésitant (Rev. Thomiste 1962, n° 4, 615). J'ai beaucoup fréquenté Aménémopé et je n'y ai jamais rien noté de suspect. Quel grand texte égyptien ne contient pas de *hapax*, de tournures nouvelles, d'idées originales, d'images insolites ? Aménémopé n'en livre pas plus que les autres. Et en cherchant bien comme vous le faites on finit presque toujours par leur trouver des parallèles. Votre brillante explication des paroles de Baba dans "Horus et Seth" n'a pas besoin d'être confirmée. »

— P. Humbert, le 18 septembre 1965 (sur la recension du livre d'A. Barucq) : « Vous y faites des observations et des suggestions fort intéressantes et dont il y aura lieu de tenir compte dans toute discussion ».

— J. Vandier, le 25 avril 1966 (sur l'arc d'airain) : « Je crois que votre interprétation est la bonne ... De toutes les hypothèses qui ont été faites, la vôtre me paraît de beaucoup la plus vraisemblable, car elle s'accorde parfaitement avec le symbolisme du Moyen Orient ... »

— G.R. Driver, le 3 mai 1967 (sur corne et arc) : « ... on ugar. *qrn* = heb. *qrn* "horn" and also "bow". I think that you are certainly right about the ugar. *qrn* (AB IV ii 21-3) and shall put it in the new ed. of *CML* which I am preparing ».

— G. Posener, le 13 avril 1969 (sur Aménémopé xxiv 13-18) : « Ce que vous avez écrit sur "limon et paille" dans Aménémopé 24,13-18, n'était certainement pas inutile. C'est le contraire de ce qu'on appelle "enfoncer une porte ouverte"... »

— J. Vandier, le 22 mars 1973 (sur le manuscrit « Sapin vrai et sapin nouveau ») : « Votre critique est excellente et votre hypothèse, solidement fondée, m'incline vivement à vous donner entièrement raison. Si je ne connaissais pas votre profonde modestie, je vous proposerais de changer votre titre et d'intituler votre article : "Du nouveau, mais du vrai, sur le sapin". Vous avez une bonne documentation, et suivant votre habitude, vous étudiez cette documentation, non pas en cherchant "midi à quatorze heures", mais en cherchant la solution la plus simple et la plus logique. »

— M. Dunand, le 27 avril 1973 (à propos de « Sapin vrai ... ») : « Vous nous donnez dans ces pages une bonne étude qui sera, j'en suis sûr, fort appréciée ... »

Cet échantillon de réponses de spécialistes approuvant la méthode employée et les résultats solides donnent une idée de la modestie du chercheur et du savant, et de la confiance qu'il mettait dans le jugement de ses collègues. À cette période de sa vie, il en avait sans doute besoin pour avancer avec plus d'assurance, lui qui avait appris cette discipline en autodidacte, pour oser publier et peut-être pour affronter sereinement les jugements par trop rapides des non-spécialistes qui l'entouraient.

Pendant les deux décennies où je l'ai connu, je savais qu'il demandait à plusieurs de relire ses articles pour s'assurer de leur intérêt et de l'opportunité de leur publication. Il me le demandait aussi alors que j'avais tout à apprendre de lui. Bien que nous ayons parlé à maintes reprises de Ps 18,36 et que je l'aie encouragé à écrire, il ne se décida qu'après la rédaction de ma note paléographique. Il lui fallait tenir, voir de près les arguments qu'il ne maîtrisait pas pour oser commencer. Ce me fut une joie de rendre ce petit service à un maître qui venait tous les jours, plusieurs fois par jour, au détour d'un rayonnage de la bibliothèque, m'encourager dans mes grimoires, sans doute avec une pointe de curiosité ou d'intérêt pour les nouveautés ; mais la visite était toujours enrichissante car il était rare qu'il ne m'indiquât point une référence à contrôler ou une note à lire, et il repartait, heureux, visiter quelqu'autre confrère ou se replonger dans ses sujets de l'heure.

Couroyer reste sûrement, pour beaucoup d'entre nous, un fin lettré, un érudit et un savant, bref le modèle du scribe accompli qui a su tirer du neuf des vieux documents pour enrichir notre connaissance et mieux comprendre cette portion importante de notre histoire. Beaucoup de résultats de ses analyses philologiques en égyptien, araméen, phénicien, hébreu, ugaritique, etc., sont déjà passés dans les dictionnaires et lexiques. Je me réjouis aujourd'hui avec vous qu'une journée d'échanges ait été organisée à la mémoire de ce savant et de cet homme de Dieu, si humble et si effacé qui n'a jamais rechigné à la tâche, parfois austère, au cours d'une longue et belle vie. Il continue à nous encourager à poursuivre la route qu'il a ouverte avant nous.

Émile PUECH
CNRS

BIBLIOGRAPHIE de B. COUROYER
réunie par É. Puech.

(Les ouvrages mentionnés dans les Bulletins sont ceux dont les extraits ou mentions avaient trouvé place dans les « recueils » organisés par le P. Couroyer)

1929

— Recension de H. Hoepfl, *Tractatus de Inspiratione Sacrae Scripturae et Compendium Hermeneuticae Biblicae Catholicae*, Rome 1929, *RB* 38, pp. 593-95.

— Bulletin, *id.*, pp. 626 s.

1930

— Recension de M. Vandervorst, *Israël et l'Ancien Orient*, Bruxelles 1929, *RB* 39, pp. 458-61.

— Bulletin, *id.* 39, pp. 122 s ; 123 s ; 125 s ; 136 s ; 137-39 ; 139 s ; 629-31 ; 631-35.

1931

— « Byblos après quatre ans de fouilles », *RB* 40, pp. 276-91.

— Recension de H. Lusseau, *Essai sur la nature de l'Inspiration scripturaire*, Paris 1930, *id.*, pp. 298-302.

— Recension d'A. Lods, *Israël des origines au milieu du VIII*e *siècle*, Paris 1930.

— Recension de L. Desnoyers, *Histoire du Peuple Hébreu des Juges à la captivité. Tome II Saül et David, Tome III Salomon*, Paris 1930, pp. 442-48.

— Bulletin, *id.*, pp. 604-06 ; 606-08 ; 632-35 ; 635 s ; 636-37.

1932

— Bulletin, *RB* 41, pp. 146-148.

1933

— Recension de *A History of Israel.* I — *From the Exodus to the Fall of Jerusalem, 586 B. C.*, par Th. H. Robinson, II — *From the Fall of Jerusalem, 586 B. C., to the Bar Kokhba Revolt, A. D. 135*, par W.O.E. Oesterly, Oxford 1932, *RB* 42, pp. 277-81.

— Bulletin, *id.*, pp. 286-88 ; 297 s ; 298-300 ; 307-309 ; 434, 451-52 ; 461-63 ; 618 s ; 619-21.

1934

— Bulletin, *RB* 43, pp. 153-55 ; 155 s ; 454 s ; 460 ; 460 ; 460 s 461 s ; 623 s ; 624 s.

1935

— Bulletin, *RB* 44, pp. 140-42.

1936

— Bulletin, *RB* 45, pp. 145 s ; 146 s ; 147-49 ; 150-52 ; 152-54 ; 154 s ; 292 ; 450 s ; 454-57 ; 613-15 ; 621 s ; 624.

1937

— « La lecture du nom d'*Horemheb* » , JPOS 17, pp. 100-104.

— Recension de A. Rowe, *A Catalogue of Egyptian Scarabs, Scaraboids, Seals and Amulets in the Palestine Archaeological Museum*, Cairo 1936, *id.*, pp. 301-304.

— Bulletin, *RB* 46, pp. 306 ; 316 s ; 317 s ; 475 s ; 603 ; 622-25.

1938

— Recension de L.A. Mayer, *Annual Bibliography of Islamic Art and Archaeology*, I Jerusalem 1937, JPOS 18, p. 300.

— Bulletin, *RB* 47, pp. 136 ; 146 s ; 148 s ; 149 s ; 150 s ; 303 ; 311-13 ; 469-71.

1939

— Recension de E. Grant — G.E. Wright, *Ain Shems Excavations (Palestine)*, V — Haverford 1939, JPOS 19, pp. 334 s.

— Bulletin, *RB* 48, pp. 143 s ; 318-20 ; 472 s.

1940

— « Note sur un scarabée d'Athlit », *RB* 49, pp. 243-247.

— Bulletin, *id.*, pp. 299 s ; 306 s ; 307-09 ; 309 s.

1941

— « Les nouveaux textes égyptiens de proscription », *RB* 50 (= *Vivre et penser* 1), pp. 261-264.

— Bulletin, *id.*, pp. 155 s ; 159 s.

1946

— « La résidence ramesside du Delta et la Ramsès biblique », *RB* 53, pp. 75-98.

— Bulletin, *id.*, pp. 149 s ; 614-16.

1948

— « Le litige entre Josias et Néchao (*II Chron.* XXXV, 20 ss) » (1 fig.), *RB* 55, pp. 388-96.

— Bulletin, *id.*, pp. 147-49 ; 312 s ; 477 s ; 634 s ; 635 s ; 636.

1949

— « Le chemin de vie en Égypte et en Israël », *RB* 56, pp. 412-32.

1950

— « Idéal sapientiel en Égypte et en Israël (À propos du Psaume XXXIV, verset 13) », *RB* 57, pp. 174-79.

— « Une coutume égyptienne ? (Proverbes, XVII,10) » *id.*, pp.331-35.

— Bulletin, *id.*, pp. 304 ; 307 s ; 308 s ; 472 s ; 482-84 (B. Grdsloff, *Une stèle scythopolitaine du roi Séthos Ier*, Le Caire 1949) ; 484-86.

1951

— « Histoire d'une tribu semi-nomade de Palestine », *RB* 58, pp. 75-91.

— Bulletin, *id.*, pp. 637 s.

1952

— *L'Exode* (La Sainte Bible, Paris Le Cerf).

— Bulletin, *RB* 59, pp. 153 ; 157 ; 626 s ; 627 s.

1953

— Recension de P. Montet, *Les énigmes de Tanis*, Paris 1952, *RB* 60, pp. 111-117.

— Bulletin, *id.*, pp. 152-55 ; 466-69 ; 627 s ; 629 ; 629 s ; 630 s.

1954

— « Dieux et fils de Ramsès », *RB* 61, pp. 108-117.

— « Termes égyptiens dans les papyri araméens du Musée de Brooklyn », *id.*, pp. 554-59.

— Recension de E.G. Kraeling, *New Documents of the Fifth Century B. C. from the Jewish Colony at Elephantine*, New Haven 1953, *id.*, pp. 251-53.

1955

— « À propos des dépôts de manuscrits dans des jarres », *RB* 62, pp. 76-81.

— « L'origine égyptienne du mot "Pâque" », *id.*, pp. 481-96.

— « *LḤN* : Chantre ? », VT 5, pp. 83-88.

— Bulletin, *RB* 62, pp. 304 s ; 305 ; 305 s ; 306 s ; 307-09 ; 633-35 ; 635 s ; 636 s.

1956

— « Quelques égyptianismes dans l'Exode », *RB* 63, pp. 209-19.
— « Le "doigt de Dieu" (Exode, VIII,15) », *id.*, pp. 481-95.
— Bulletin, *id.*, pp. 448 s ; 619 s ; 628 ; 628 s ; 629 s ; 630 s ; 632 s ; 633 s ; 634 s ; 637-40.

1957

— « Note sur une inscription de Karnak », *Bulletin de l'Institut Français d'Archéologie Orientale* 56, pp. 155-60.
— Recension du livre de *L'Exode, traduit et commenté* par A. Clamer, Paris 1956, *RB* 64, pp. 402-407.
— Bulletin, *id.*, pp. 150 s ; 315 s ; 316 ; 316 s ; 317 s ; 473-76 ; 476.

1958

— *L'Exode*. La Bible de Jérusalem, Paris Le Cerf, 2e éd. revue.
— Recension de G. Posener, *Littérature et politique dans l'Égypte de la XIIe dynastie*, Paris 1956, *RB* 65, pp. 111-115.
— Bulletin, *id.*, pp. 479 s ; 601 s.

1959

— Recension de J. Vergote, *Joseph en Égypte. Genèse, chap. 37-50 à la lumière des études égyptologiques récentes*, Louvain 1959, *RB* 66, pp. 582-94.

1960

— « Un égyptianisme biblique : «Depuis la fondation de l'Égypte» (Exode, IX,18) », *RB* 67, pp. 42-48.
— « "Mettre sa main sur sa bouche" en Égypte et dans la Bible », *id.*, pp. 197-209.
— Recension de E. Goodenough, Vol. VII : *Pagan Symbols in Judaism*, Vol. VIII : *Pagan Symbols in Judaism*, New York 1958, *id.*, pp. 107-11.
— Bulletin, *id.*, pp.158 s ; 159s ; 281-83 ; 306-09 ; 309-12 ; 479 s.

1961

— « Amenemopé, I,9 ; III,13 : Égypte ou Israël ? », *RB* 68, pp. 394-400.
— « Le temple de Yaho et l'orientation dans les papyrus araméens d'Éléphantine » (1 fig.), *id.*, pp. 525-40.
— Bulletin, *id.* pp. 155-57 ; 626 s ; 627-29 ; 629 s ; 630 s ; 631 s ; 634-36.

1962

— Recension de G. Posener, *De la divinité du Pharaon*, Paris 1960, *RB* 69, pp. 424-27.

— Recension de H. Fleisch, *Traité de philologie arabe. I. Préliminaires, phonétique, morphologie nominale*, Beyrouth 1961, *id.*, pp. 592-94.
— Bulletin, *id.*, pp. 121-22 ; 122-24 : 132-34 ; 153-55 ; 157 s ; 287-89 ; 315 s ; 318 ; 595 s ; 601-02 ; 624-26 ; 631 ; 637-40.

1963

— « BRK — MRK », *Orientalia* 32, pp. 170-77.
— « L'origine égyptienne de la sagesse d'Amenemopé », *RB* 70, pp. 208-24.
— Bulletin, *id.*, pp. 309-11 ; 316 s ; 444 s ; 452 ; 639 s.

1964

— « Inscription coufique de Beit Gibrin », *RB* 71, pp. 73-79.
— « Trois épithètes de Ramsès II », *Orientalia* 33, pp. 443-60.
— Bulletin, *RB* 71, pp. 107-09 ; 149 s ; 150-53 ; 275 s ; 305 s ; 311 s ; 316 ;
316 s ; 477 ; 610 s ; 637-40.

1965

— « L'arc d'airain », *RB* 72, pp. 508-14.
— Recension d'A. Barucq, *L'expression de la louange divine et de la prière dans la Bible et en Égypte*, Le Caire 1962, *id.*, pp. 281-86.
— Bulletin, *id.*, pp. 127 s ; 145 s ; 147 s ; 154 s ; 158 s ; 291-95 ; 310-14 ; 434-36 ; 633-35 ; 635 s ; 636-38.

1966

— « Isaïe, XL,12 », *RB* 73, pp. 186-96.
— « Corne et arc », *id.*, pp. 510-21.
— Bulletin, *id.*, pp. 145 s ; 151-53 ; 156-58 ; 158 s ; 159 s ; 160 ; 434 s ; 616 s ; 617-22 (F. Daumas, *Les dieux de l'Égypte*, Paris 1965) ; 622 s ; 623-25 ; 625 s.

1967

— Bulletin, *RB* 74, pp. 146-49 ; 149-51 ; 151 s ; 152 s ; 153 s ; 154 s ; 155 s ; 307-09 ; 309 s ; 310 s ; 312 s ; 313 s ; 596-98 ; 624 s ; 626 ; 626 s ; 629 s.

1968

— *L'Exode*. La Bible de Jérusalem, Paris Le Cerf, 3e éd.
— « Le temple de Yaho et l'orientation dans les papyrus araméens d'Éléphantine », *RB* 75, pp. 80-85.
— « Amenemopé, XXIV, 13-18 », *id.*, pp. 549-61.
— Bulletin, *id.*, pp. 156 s ; 601-03 ; 606-08.

1969

— « L'Île du Dromos », *Orientalia* 38, pp. 115-121.

— Bulletin, *RB* 76, pp. 135 s ; 136 ; 137-39 ; 139-41 ; 141 s ; 142-44 ; 144-46 ; 146-48 ; 148 s ; 628 s ; 633 s ; 634-36.

1970

— « Menues trouvailles à Jérusalem », I, II, III, *RB* 77, pp. 248-50, IV — *À propos d'un sceau hébreu*, *id.*, pp. 251 s.

— « "De la mesure dont vous mesurez il vous sera mesuré" », *id.*, pp. 366-70.

— « À propos de la stèle de Carpentras », *Semitica* 20, pp. 17-21.

— Recension de B. Porten, *Archives from Elephantine. The Life of an Ancient Jewish Military Colony*, Berkeley — Los Angeles 1968, *Bibliotheca Orientalis* 27, pp. 249-252.

— Bulletin, *RB* 77, pp. 142-44 ; 144-46 ; 146 s ; 301 s ; 302-04 ; 304-06 ; 426-28 ; 463-65.

1971

— « "La terre du Dieu" », *RB* 78, pp. 59-70.

— « Dieu ou roi ? Le vocatif dans le Psaume XLV (vv. 1-9) », *id.*, pp. 233-41.

— « Ceux-qui-sont-sur-le-sable : les Hériou-Shâ », *id.*, pp. 558-75.

— Bulletin, *id.*, pp. 127 s ; 148 s ; 308-10 ; 451-53 (p. 452, n. 1 sur *pym*) ; 631 s ; 633-35 ; 635 ; 635-37.

1972

— Bulletin, *RB* 79, pp. 147-150 ; 153-55 ; 632-37 (R. Giveon, *Les Bédouins Shosou des Documents égyptiens*, Leiden 1971).

1973

— « Sapin vrai et sapin nouveau », *Orientalia* 42, pp. 339-56.

— « Pount et la Terre du Dieu », *RB* 80, pp. 53-74.

— « Origine des Phéniciens », *id.*, pp. 264-76.

— Recension d'I. Grumach, *Untersuchungen zur Lebenslehre des Amenope*, München 1972, *id.*, pp. 426-32.

— Bulletin, *id.*, pp. 115 ; 147 s ; 148 ; 149 s ; 437-39 ; 461-65 ; 465-69 (P. Grelot, *Documents araméens d'Égypte*, LAPO Paris 1972) ; 470 s ; 626-29 ; 629-31.

— Notule : Jésus dans le Coran, *id.*, p. 316.

1974

— « Les Aamou-Hyksôs et les Cananéo-Phéniciens », *RB* 81, pp. 321-54.

— « Les Aamou-Hyksôs et les Cananéo-Phéniciens » (suite), *id.*, pp. 481-523.
— Bulletin, *id.*, pp. 125 s ; 153 s ; 307 s ; 308 s ; 309 s ; 624-26.

1975

— « Un égyptianisme dans Ben Sira IV,11 », *RB* 82, pp. 206-17.
— « Qui est Béhémoth ? *Job*, XL,15-24 », *id.*, pp. 418-43.
— Bulletin, *id.*, pp. 311-13 ; 457 s ; 459-62 ; 462 s ; 475 s ; 476-78.

1976

— Bulletin, *RB* 83, pp. 470 s ; 473-75 ; 477 ; 477-79.

1977

— « Le "glaive" de Béhémoth. *Job*, XL, 19-20 », *RB* 84, pp. 59-79.
— « Alternances de pronoms personnels en égyptien et en sémitique », *id.*, pp. 365-74.
— Bulletin, *id.*, pp. 129 s ; 318 s ; 472-74 ; 474-77 ; 477.

1978

— « *BRK* et les formules égyptiennes de salutation », *RB* 85, pp. 575-85.
— Bulletin, *id.*, pp. 150-52 ; 153 ; 313-15 ; 470-72 ; 637-40.

1979

— « À propos de Luc, II, 52 », *RB* 86, pp. 92-101.
— « El vocabulario del tiro al arco en el Antiguo Testamento », *Ciencia Tomista* 106, pp. 447-62.
— Bulletin, *RB* 86, pp. 154 ; 309-11 ; 312 ; 312 s.

1980

— « À propos de II Rois XIII,14-19 », *Liber Annuus* 30, pp. 177-96, pl. 1-4.
— « NMᶜTY : Osiris ou "justifiés" *(Stèle de Carpentras, ligne 4)* », *RB* 87, pp. 594-96.
— Recension de G.E. Bryce, *The Egyptian Contribution to the Wisdom of Israel*, London, *id.*, pp. 139-45.
— Bulletin, *id.*, pp. 151-54 (R. Giveon, *The Impact of Egypt on Canaan. Iconographical and Related Studies*, OBO Freiburg — Göttingen 1978) ; 154-56 ; 465 s ; 466-68 ; 468 ; 468 s ; 469 s ; 470-72 ; 633.

1981

— « NḤT : "encorder un arc" (?) », *RB* 88, pp. 13-18.
— « "Avoir la nuque raide" : ne pas incliner l'oreille », *id.*, pp. 216-25.
— « Un égyptianisme en Exode, XVII, 15-16 *YHWH-NISSI* », *id.*, pp. 333-39.

— « Note sur *II Sam.*, I,22 et *Is.*, LV,10-11 », *id.*, pp. 505-14.
— « L'arc de Jonathan jamais ne recula (2 Sm 1,22) », *Escritos de Biblia y Oriente. Miscelánea conmemorativa del 25.° aniversario del Instituto Español Bíblico y Arqueológico (Casa de Santiago) de Jerusalén*, (ed. preparada por R. Aguirre y F. Garcia Lopez), *Bibliotheca Salmanticensis* 38, pp. 103-16.
— Bulletin, *RB* 88, pp. 154 ; 155 s ; 303 s ; 305-07 ; 310-11 ; 311 ; 311-13 ; 313 s ; 314-16 ; 615-18 (A. Barucq, *Hymnes et Prières de l'Égypte ancienne*, LAPO, Paris 1980).

1982

— « À propos d'Exode, II,14 », *RB* 89, pp. 48-51.
— Recension d'O. Keel, *Das Böcklein in der Milch seiner Mutter und Verwandtes*, OBO Freiburg — Göttingen 1980, *id.*, pp. 114-18.
— Bulletin, *id.*, pp. 133-36 ; 631-33.

1983

— « La tablette du cœur », *RB* 90, pp. 416-34.
— Recension de K. Westerberg, *Chypriote Ships from the Bronze Age to C. 500 BC*, Gothenburg 1983, *id.*, pp. 596-98.
— Bulletin, *id.*, pp. 289-93 (E. Strömberg Krantz, *Des Schiffes Weg mitten im Meer. Beiträge zur Erforschung der nautischen Terminologie des Alten Testaments*, Lund 1982) ; 293-95 ; 474 s ; 606-09 ; 609-11 ; 612 s ; 613-16.

1984

— « Le NES Biblique : signal ou enseigne ? », *RB* 91, pp. 5-29.
— « Tobie, VII,9. Problème de critique textuelle », *id.*, pp. 351-61.
— Recension de B. Jaeger, *Essai de classification et datation des scarabées Menkhéperré*, OBO Freiburg — Göttingen, *id.*, pp. 118-21.
— Bulletin, *id.*, pp. 315.

1985

— Recension de J.-P. Mahé, *Hermès en Haute-Égypte. II, Le fragment du Discours Parfait et les Définitions hermétiques arméniennes*, Québec 1982, *RB* 92, pp. 132-40.
— Bulletin, *id.*, pp. 633 s ; 634 s.

1986

— « Ta droite assiste mon épée. Note sur le Psaume XVIII,36 (par B. Couroyer), Note paléographique (par É. Puech) », *RB* 93, pp. 38-51.
— Bulletin, *id.*, pp. 138-40 ; 149-52.

1987
— « Behemoth = hippopotame ou buffle ? », *RB* 94, pp. 214-21
— « “Le dieu des sages” en Égypte, I », *id.*, pp. 574-603.
— Bulletin, *id.*, pp. 138 s ; 140-42 ; 145 ; 455-59 ; 461-63 ; 471 s ; 472.

1988
— « “Le dieu des sages” en Égypte, II », *RB* 95, pp. 70-91.
— « “Le dieu des sages” en Égypte, III », *id.*, pp. 195-210.
— « ^{c}*ÉDÛT* : Stipulation de traité ou enseignement ? », *id.*, pp. 321-31.

1990
— « L’Exode et la bataille de Qadesh », *RB* 97, pp. 321-58.

(à paraître)
— « Les scarabées de Tell Ta^{c}anak », *Tell Ta^{c}anak* (N. Lapp ed.).

EXODE 13,17 – 14,31 ET LA BATAILLE DE QADESH

Le livre de l'Exode a été au centre des recherches du P. Couroyer : il en a fait la traduction pour la *Bible de Jérusalem*[1] et a publié un bon nombre d'articles où il s'occupait des problèmes de ce livre, surtout de sa première partie.

Dans quelle perspective le P. Couroyer considérait-il ce livre biblique dans ses recherches ? Vous serez d'accord avec moi pour dire que le P. Couroyer était surtout philologue ; ses travaux manifestent cet intérêt philologique et il est bien connu que dans ses explications des textes bibliques intervient surtout le recours à l'égyptien[2]. Mais le lecteur averti discernera sans doute aussi que l'intérêt philologique est souvent doublé d'une préoccupation d'ordre historique ou d'un sens de l'histoire. Par ailleurs, il suffit de parcourir tel ou tel article pour constater encore le soin avec lequel il procédait et le goût de l'expression juste et de la nuance exacte. Le P. Couroyer avait le souci d'une recherche patiente et minutieuse : on sait comment il formait des dossiers en étudiant patiemment tel sujet ou tel mot biblique qui l'intéressait, mais ce n'était que lorsqu'il croyait que le fruit était mûr qu'il se décidait à publier un article. Il n'était pas l'homme qui se laisse pour ainsi dire prendre par une première intuition et qui la fait connaître aussitôt ; dans son cas, il fallait un long processus pour que, parvenu au terme, on puisse avoir un vin de grand cru. Et qui pourrait contester sa maîtrise de la langue ? S'il aimait les calembours et les jeux de mots, c'est à bon escient qu'il tirait de son trésor, comme le scribe de l'Évangile, et l'ancien et le nouveau. Cette maîtrise se manifeste dans ses publications par le soin de la clarté et de la précision. La clarté, j'ose ajouter, ne se trouve pas seulement dans l'expression de chaque chose mais aussi dans la logique avec laquelle il procède.

Par contre, on peut dire que le P. Couroyer ne manifeste pas un intérêt particulier pour la critique littéraire, si prédominante dans l'exégèse

---

[1] *L'Exode*, dans *La Sainte Bible traduite en français sous la direction de l'École Biblique de Jérusalem*, Paris, 1952, 1958², 1968³.

[2] Cf. J. LOZA, « Pentateuque », dans *L'Ancien Testament. Cent ans d'exégèse à l'École Biblique* (CRB 28), Paris, 1990, pp. 79-117 (105-110).

moderne. Si, parfois, il parle des problèmes d'ordre diachronique qu'on peut se poser à propos des textes, ce n'est jamais pour faire par lui-même l'examen d'une question et pour tenter d'y apporter une solution. Le cas échéant, il ne fait que prendre appui sur un consensus plus ou moins ample à propos de l'attribution de tel passage et il lui arrive de se limiter à constater qu'il n'y a pas de consensus parmi ceux qui ont consacré des recherches à de tels problèmes[3].

Cette considération sur l'orientation du P. Couroyer dans ses recherches est évidemment trop rapide. Mais, si elle est d'ordre général et si elle aurait pu être laissée pour la conclusion, j'espère qu'elle n'est pas de trop comme remarque initiale : elle peut nous aider à mieux situer la portée et, éventuellement, aussi les limites du travail du P. Couroyer sur l'Exode.

Le choix de mon titre, il est facile de le voir, répond à celui du dernier article publié par le P. Couroyer[4]. Je me propose de vous présenter une « relecture » de cet article : Qu'est-ce que l'exégète peut en tirer pour sa compréhension du texte biblique ? Le parcours à suivre comprend deux étapes : 1) l'illustration que le P. Couroyer propose du texte biblique ; 2) quelques remarques à partir de l'exégèse du texte biblique, notamment dans une perspective diachronique.

I. L'itinéraire du P. Couroyer dans l'explication du texte biblique

L'article du P. Couroyer se divise en deux parties de longueur inégale (la dualité est perceptible dans le titre). Il tente d'abord de faire le point à propos de la « coloration égyptienne » du récit biblique de l'ensemble de la première partie du livre de l'Exode ; il s'occupe ensuite de voir s'il n'y aurait pas un arrière-fonds égyptien dans le récit de la traversée de la Mer des Roseaux[5]. Mais on peut considérer que l'aspect général de la coloration égyptienne des récits d'*Ex* 1-14 n'a qu'un rôle subordonné : il est destiné à mieux situer et éclairer le développement principal. Mais il est aussi vrai de dire que les considérations sur des mots et des expressions d'origine

---

[3] Le début de l'article, qui constitue notre principal objet d'étude, est caractéristique à ce point de vue : « Je ne sais si malgré tous les travaux de détail ou d'ensemble dont il a fait l'objet, qu'on lui consacre et qu'on lui consacrera encore, on tirera jamais au clair la composition du livre de l'Exode. Les exégètes ne s'accordent pas sur l'attribution, dans le récit, de tel ou tel chapitre, verset, voire de partie de verset, aux différents documents reconnus dans le Pentateuque » (« L'Exode et la bataille de Qadesh », *RB*, 97, 1990, p. 322).

[4] « L'Exode et la bataille de Qadesh », *RB*, 97, 1990, pp. 321-358.

[5] *Art. cit.*, p. 322.

égyptienne ont une valeur autonome, indépendante par conséquent de la lumière qu'elles pourront jeter sur le problème spécifique des représentations guerrières dans le récit du passage de la Mer des Roseaux, au moins dans la mesure où elles ne portent pas directement sur le récit du miracle de la mer.

a. Coloration égyptienne

Pour la question de la « coloration égyptienne » du récit biblique, le P. Couroyer se demande si elle est de 'bon teint' ou si elle est seulement 'légère'. Il ajoute cette remarque : « Ce degré de coloration importe car il devrait montrer, sinon la date, du moins la qualité de l'information transmise par la rédaction finale et, du même coup, la place où elle fut recueillie »[6].

Nous laissons aux personnes plus qualifiées que nous de nous dire si et comment les remarques faites sont justes du point de vue de l'égyptologie ou même du point de vue de l'histoire. Disons simplement que, pour le P. Couroyer, après avoir passé en revue surtout un certain nombre de mots et expressions mais aussi telle donnée d'ordre culturel (par exemple à propos des magiciens)[7], la conclusion semble assez logique : « Quelle conclusion peut-on tirer de ces constatations ? La précision des renseignements montre qu'ils ont été recueillis sur place et par quelqu'un qui a vécu assez longtemps dans le pays pour s'être mis au courant de la langue du peuple et de ses coutumes. Comme le récit ne fait allusion ni à la Moyenne ni à la Haute Égypte sa résidence doit avoir été le Delta oriental où Jacob s'était installé avec sa famille et certaines données topographiques favorisent, on le verra, cette hypothèse.

On ne peut donc que se rallier à l'opinion du P. Niccacci qui juge improbable qu'une telle coloration égyptienne puisse être due à quelqu'un qui n'a eu que de brefs contacts, quelle qu'en soit la nature, avec le pays »[8].

Voilà donc pour ce premier point. Mon résumé est rapide et il emprunte l'essentiel, surtout la conclusion, aux expressions du P. Couroyer, toujours soucieux de la précision et de la nuance.

---

[6] *Art. cit.*, pp. 322-323.

[7] *Art. cit.*, pp. 324-327.

[8] *Art. cit.*, pp. 327-328 ; cf. A. N. NICCACCI, « Sullo sfondo egiziano di Esodo 1-15 », dans *Liber Annuus*, 36, 1986, pp. 7-43.

b. Source d'inspiration du récit du passage de la mer

La « coloration égyptienne » du récit d'*Ex* 1-14 une fois établie, le P. Couroyer exprime ainsi son propos pour la suite de son analyse : « ... il reste à essayer de préciser comment il (l'auteur du récit) a été amené à décrire l'expédition montée par Pharaon pour donner la chasse aux Israélites sortant de son royaume de si insolente manière (*Ex* 14,8). A-t-il tout imaginé ou a-t-il utilisé un récit ou des représentations qu'il aurait eues sous les yeux ? »[9].

Le P. Couroyer mentionne, comme en passant, que le seul autre texte biblique où sont mentionnés les chars et les troupes emportés par les eaux que l'on pourrait éventuellement citer comme possible source d'inspiration est celui de la bataille de Baraq contre les rois de Canaan en *Jg* 4,12-17 ; 5,19-21. Dans ce cas, précise-t-il, « Nous serions alors loin de l'Égypte. Serait-il possible de découvrir dans ce pays *une* – ou peut-être *la* – source d'inspiration du récit du passage de la mer ? »[10]

Il reconnaît la difficulté du récit ; cette difficulté ne rend pas aisée une réponse simple. Avec modestie, il exprime ainsi son propos : « Je vais donc tenter (ce n'est là qu'une tentative !) d'expliquer la présentation de l'événement qui valut à Israël sa liberté..., en recherchant notamment l'origine des tableaux guerriers sous-jacents à ce passage, justifiant du même coup le titre quelque peu provocant de cet article. Car quelle relation peut avoir avec la traversée de la mer, c'est-à-dire le franchissement d'une étendue d'eau – stagnante ou courante – appelée *yam* en hébreu, qui constituait la frontière de l'Égypte d'alors, avec la bataille gagnée de justesse par Ramsès II dans une localité située à des centaines de kilomètres de là ? »[11]

Avant de rappeler, non pas l'ensemble du récit d'*Ex* 13,17-14,31, mais les passages principaux (point de départ, itinéraire, poursuite des Israélites par Pharaon et son armée, passage de la mer par les Israélites et noyade de l'armée égyptienne)[12], le P. Couroyer fait cette remarque que je cite textuellement : « Il arrive qu'il faille distinguer un fait de sa présentation. Un événement peut avoir eu lieu et sa description ne pas correspondre dans tous les détails à son déroulement. Ce peut être le fait, par exemple, d'un narrateur qui n'a pas vu la scène et n'a pas interrogé de témoins oculaires. Réduit à

---

[9] *Art. cit.*, p. 328.

[10] *Ibid.*

[11] *Art. cit.*, pp. 328-329.

[12] *Art. cit.*, pp. 329-330. Je me dois de noter ici, car cela a des conséquences pour la suite, que le P. Couroyer ne se pose même pas le problème de la composition littéraire du texte biblique. Peut-être faut-il situer ce fait dans la logique du point de départ : « ...la rédaction finale, telle qu'elle se lit dans la Bible, peut et doit être interprétée » (*Art. cit.*, p. 322).

reconstituer le déroulement des faits, il peut ne recourir qu'à sa seule imagination ou introduire dans son récit des traits empruntés mais dont l'emploi lui semble de mise. En d'autres termes devra-t-on nier l'événement ou chercher à en expliquer les 'invraisemblances' si d'occasion sa relation en comporte ? »[13]

Le problème ainsi posé, il y aurait trois points à développer : « 1) Le lieu d'où partirent les Israélites 2) Leur itinéraire et 3) La tentative de traverser la mer par la charrerie égyptienne »[14].

1) Le premier des trois points est traité sommairement[15] : La Bible affirme à deux reprises que les Israélites sont partis de Ramsès (Ex 12,37[16] ; Nb 33,3). Ce serait bel et bien Pi-Ramsès, malgré les objections, par exemple celles de D. B. Redford[17] ; la perte de *Pi-* serait due à sa confusion, sous le Nouvel Empire, avec l'article défini (*pi*, *pr*). C'est ainsi que Pi-Hahirôt devient « Les Hirôt » en *Nb* 33,8.

2) Le deuxième point, le problème de la route de l'exode, est traité d'une manière un peu plus ample, mais encore relativement sommaire[18]. Le P. Couroyer prend appui sur l'étude de H. Cazelles[19], auteur qu'il suit pour le problème des sources. En bref, il y aurait une route E dont les données sont énoncées en Ex 13,17-18[20] ; ce serait la tradition des tribus du Nord, que reprendra aussi le Deutéronome. Les données de J sont différentes. Malgré les problèmes pour reconstituer l'itinéraire, on pourrait conclure ceci : « L'enchevêtrement des données topographiques de l'Exode, tant avant que pendant et après le passage de la mer, rend impossible la reconstitution d'un itinéraire cohérent. Il reste que la présence dans J de Baal-Ṣapôn et de la mer de Swf, ajoutée aux doublets signalés[21], témoigne en faveur d'une route dont le terme ne saurait être que Qadesh »[22]. Cette tradition serait celle de Juda et des tribus du Sud. Il y a même des échos de cette tradition et chez Chaeremon, qui fait partir les Israélites de Péluse, et dans le Targum palesti-

---

13 *Art. cit.*, p. 329.

14 *Art. cit.*, p. 330.

15 *Art. cit.*, pp. 330-331.

16 À la p. 330, au début de 1), il y a une erreur : la référence est bien *Ex* 12,37 et non *Ex* 13,3.

17 « An Egyptological Perspective on the Exodus Narrative », dans A.F. RAYNEY (Ed.), *Egypt. Israel. Sinai*, 1987, p. 139.

18 *Art. cit.*, pp. 331-335.

19 H. CAZELLES, « Les localisations de l'Exode et la critique littéraire », dans *RB*, 62, 1955, pp. 321-364 ; remis à jour dans *Autour de l'Exode*, Paris, 1987, pp. 189-231.

20 Le P. Couroyer mentionne, p. 332, le fait que O. EISSFELDT et M. NOTH considèrent le début du v. 18 (avec la mention de la mer de Sûf) comme rédactionnel.

21 Notamment celui du miracle de l'eau à Massa, à Massa-Meriba et à Qadesh (Ex 15,25 ; 17,1-7; Nb 20,1-13).

22 *Art. cit.*, p. 333.

Chaeremon, qui fait partir les Israélites de Péluse, et dans le Targum palestinien. Pour le premier cas[23], comme pour les écrivains hellénistiques anti-juifs, il semble y avoir une identification de l'itinéraire des Israélites avec le souvenir de l'expulsion des Hyksos. Mais cette assimilation n'est pas valable : « L'expulsion des Hyksos ne concorde donc ni pour les points de départ et d'arrivée, ni pour la noyade des chars montés par trois hommes, consignés dans l'Exode. Il faut découvrir, si faire se peut, un événement quelque peu saillant qui satisfasse à ces trois conditions : Départ de Ramsès, arrivée à Qadesh et noyade de chars montés par trois hommes »[24]. Voilà la tentative qui fait l'objet du troisième point, le plus développé.

3) Je ne saurais pas ici vous offrir un aperçu suffisamment développé de cette partie[25], pourtant la plus neuve, de l'article du P. Couroyer. Je me tiendrai à l'essentiel (et, comme je l'ai déjà dit, je laisse les spécialistes de juger de la pertinence des remarques égyptologiques). Il y a bien deux aspects dans son développement : a) L'interprétation du récit et des représentations de la bataille de Ramsès II contre les Hittites et leurs alliés à Qadesh ; b) Le problème de savoir si et comment cela a pu être utilisé par l'auteur du récit biblique pour illustrer la noyade des chars égyptiens avec leurs cavaliers à la Mer de Sûf.

c. Interprétation du récit et des représentations de la bataille

Le récit ne le dit pas expressément, mais probablement c'est de Pi-Ramsès que Ramsès II part lors de son affrontement avec les Hittites. Le texte affirme seulement qu'il a pris la route du Nord en passant par Silé. Pour le retour, par contre, les choses sont parfaitement claires : c'est à Pi-Ramsès qu'il retourne[26].

Le déroulement de la bataille de Qadesh est important pour notre propos. Le P. Couroyer la résume ainsi[27] :

> « Dans l'entretemps il avait suivi la route côtière, traversé Canaan et le Liban, pénétré en Syrie et atteint Qadesh, la ville forte la plus méridionale des Hittites de son temps.
>
> L'armée égyptienne placée sous son commandement comprenait quatre divisions placées respectivement sous l'égide de l'un des grands dieux : Amon, Rê, Ptah et Soutekh.

---

23 Pour ceci cf. *art. cit.*, pp. 334-335.

24 *Art. cit.*, p. 335.

25 *Art. cit.*, pp. 336-356.

26 Les textes sont cités pp. 336-337.

27 *Art. cit.* pp. 337-338.

La division de tête, celle d'Amon, qu'accompagnait le roi, entreprit de dresser le camp au nord-ouest de la ville. Les divisions de Ptah et de Soutekh la suivaient à une quinzaine de kilomètres au sud.

Pendant l'installation du camp on amena au roi deux espions hittites, des bédouins Shasou qui, interrogés comme on le faisait déjà, révélèrent que l'ennemi campait au sud-est de la ville. À cette nouvelle Ramsès fit donner ordre à la division de Ptah de le rejoindre à marches forcées. À ce moment même, et sans plus attendre, le roi hittite lança sa charrerie à l'assaut, lui-même demeurant prudemment « au milieu de son armée », par quoi il faut probablement entendre son infanterie.

La charge fonça à travers la division de Rê qui arrivait, la désorganisant, et poursuivit sa route en direction du nord-ouest et sema la confusion dans le camp que la division d'Amon s'affairait à dresser. Comme il arrive souvent, l'ennemi, au lieu de poursuivre son avantage, se mit à piller le camp où contre-attaquaient, à coups d'épée et de javeline, les fantassins qui en avaient la garde.

Des renforts, opportunément arrivés, engagèrent les troupes coalisées. À un moment donné Ramsès se retrouva pourtant seul car même ses dignitaires et des officiers de ses proches avaient fui. Cerné par 2500 chars il n'hésita pas, avec ce qui lui restait de troupes fidèles, à tenter une percée pour rejoindre ses divisions du sud. Il attaque l'aile qui lui paraissait la plus faible. Il fit tant et si bien que les chars des coalisés refluèrent vers la ville, leurs occupants médusés, nous dit-on, au point de ne pouvoir utiliser leurs armes, et il les fit plonger dans l'eau comme des crocodiles, tombés sur leur face, l'un sur l'autre. C'est bien ce qu'on voit au Ramesseum. Ainsi se termina la bataille de Qadesh »[28].

d. Problématique autour de son utilisation

Qu'on le veuille ou non, il y a un parallélisme frappant : « Dans l'Exode les Israélites, partis de Ramsès en direction de Qadesh : l'aboutissement... de l'un de leurs itinéraires, passent une étendue d'eau momentanément asséchée qui les sépare de la liberté mais dans laquelle les équipages égyptiens, composés de trois hommes, périssent, surpris qu'ils sont par le reflux des eaux.

L'expédition de l'armée égyptienne contre les Hittites provenant de Pi-Ramsès se termine par la noyade d'une partie des chars hittites et de leurs alliés montés par trois hommes. Ce parallélisme n'est-il que pure

---

28 Dans cette longue citation j'ai éliminé les références et les notes, mais à la fin, la figure de la p. 339 est en étroite relation avec le texte.

coïncidence ? »[29]. Pour trancher la question il ne semble y avoir qu'un moyen : voir s'il n'y aurait pas plusieurs détails communs aux deux récits[30].

Parmi ces détails, il y a la mention des *šalîšîm* (*Ex* 14,7 ; 15,4). L'analyse exhaustive de B. A. Mastin[31] semble aboutir à un résultat décevant[32]. Mais cela peut venir du fait qu'on essaie de rendre compte du terme en *Ex* 14,7 (14,4 est considéré comme différent) à partir du sens qu'il a dans les livres des Rois[33]. À la bataille de Qadesh les chars hittites avaient un troisième homme. Est-ce là un cas spécial ou plutôt la pratique ordinaire ? Les orientalistes donnent l'impression que c'était la pratique ordinaire, mais il n'en est pas ainsi : « Ce dont on a fait une règle générale ne serait en fait qu'une exception et cette interprétation me paraît mieux s'accorder avec les représentations hittites... ; rendre pleine justice aux dessinateurs de Séti Ier et de Lepsius, et finalement donner tout son sens à la double remarque contenue dans le récit de la bataille de Qadesh et interprétée par le scribe du Pap. Sallier »[34]. Cela veut donc dire « que les chars hittites avaient été montés, à la bataille de Qadesh, et peut-être à l'occasion de cette seule coalition, par trois hommes d'équipage »[35].

Les orientalistes affirment, par contre la présence constante de seulement deux charriers sur le char égyptien. C'est seulement dans un texte sur les Égyptiens de l'époque d'Asarhaddon qu'il semble être question d'un troisième homme d'équipage[36].

Bref : « L'étude de la charrerie, tant dans l'armée égyptienne que dans celle des peuples du Proche-Orient, amène à conclure à la présence " certaine" de trois hommes par char, au moins dans la coalition qu'affronta Ramsès II à Qadesh sur l'Oronte, et à la présence "possible" de trois hommes sur les chars égyptiens au temps d'Asarhaddon »[37].

Si telles sont les données du problème, que faut-il en conclure ? « Si l'écrivain sacré s'est référé, dans le récit du passage de la mer, à la charrerie égyptienne, il n'a pu le faire qu'à une époque récente, celle d'Asarhaddon, au VIIe s. av. J.-C. (681-663).

---

29 *Art. cit.*, p. 338.

30 Cf. *art. cit.*, pp. 338 et 340 (la p. 339 est la figure 1).

31 « Was the Shalîsh the Third Man in the Chariots », dans *VT*, 30, 1979, pp. 125-154.

32 *Art. cit.*, pp. 340-341 ; jugement de valeur p. 341.

33 Dans la *BJ* le P. Couroyer suivait encore cette manière de rendre compte de *shalîshîm* par « officiers ».

34 *Art. cit.*, p. 343.

35 *Art. cit.*, p. 344.

36 Cf. pour ceci *art. cit.*, pp. 344-345.

37 *Art. cit.*, p. 345.

Par contre, la campagne de Qadesh, bien qu'elle soit antérieure et montre des chars hittites, a pour elle le point de départ : Ramsès ; le point d'arrivée : Qadesh, une homonyme de la localité biblique et la noyade d'une charrerie à trois hommes d'équipage, particularité que n'avait pu avoir l'expulsion des Hyksos chassés d'Avaris, poursuivis jusqu'à Sharuḫen et dont nous ignorons le sort de la charrerie qu'ils pouvaient avoir conservée

La coïncidence que j'ai signalée d'un *šalîš*, liée à la mention d'un départ de Pi-Ramsès et de la noyade d'une charrerie comme dans Exode (14,23-28) suffit-elle à faire dépendre le récit d'un exode par une route Ramsès-Qadesh des reliefs de la célèbre bataille de Ramsès II ? On vient de proposer un emprunt sur le plan linguistique (*šalîš*) et figuratif (la noyade des chars). Les reliefs en montrent-ils d'autres ? »[38].

Le P. Couroyer continue en décrivant la suite des événements jusqu'au moment où Pharaon et son armée rejoignent les Israélites qui campent devant Pi-Hahirôt[39]. Puisqu'il s'agit bien d'un *mḫnh* (*Ex* 14,9), suit l'analyse des textes sur le campement des Israélites, notamment en *Nb* 2,48-52 ; 2,1-32 ; 3,14-19. La description qu'en font les textes bibliques, qui viennent pour l'essentiel de P, se ferait aussi à l'image du campement de Ramsès, la tente de réunion occupant la place de la tente royale[40].

Pour ce qui suit, il me semble que la meilleure façon de procéder est de laisser la parole au P. Couroyer ; j'élimine quelques éléments de peu d'importance et les notes[41] :

> « Celui qui a recueilli les informations a dû résider assez longtemps en Égypte et plus précisément dans le Delta oriental. On le verrait volontiers à Tanis qui a succédé à l'ancienne capitale du Delta et qui a tant de liens avec elle. Il a donc 'campé' son peuple dans un cadre qu'il connaît bien, en utilisant les mots et en faisant allusion aux coutumes anciennes et récentes qu'on a signalées. Pour le passé il s'est fait l'écho de la tradition selon laquelle Jacob et les siens s'étaient vus contraints par la famine à s'expatrier pour s'installer dans une région plus fertile, la partie nord-orientale du Delta. "Les Israélites devinrent nombreux et puissants à l'extrême, au point de remplir le pays" (Ex 1,7). Cette croissance aura alerté les autorités qui décrétèrent des mesures destinées à réduire la prolifération de ces étrangers. Alors auraient commencé les vexations qui purent paraître un esclavage qui ne semble pourtant pas avoir jamais été imposé aux Israélites... (Suit une description de la

[38] *Art. cit.*, p. 345-346.

[39] *Art. cit.*, p. 346.

[40] Cf. *art. cit.*, pp. 346-350.

[41] *Art. cit.*, pp. 350-354 (je laisse de côté la partie plus directement égyptologique, pp. 354-356).

corvée, imposée même aux paysans égyptiens, p. 352). Si les Israélites avaient traversé de pénibles épreuves, ils en subiront d'autres qui leur feront regretter le temps “où ils étaient assis devant des marmites de viande et mangeaient du pain tout leur soûl” (*Ex* 16,3).

On comprend que cette situation ait fini par lasser les Israélites et qu'ils aient crié vers Dieu de les faire sortir de ce pays où leurs ancêtres avaient, en d'autres temps, trouvé refuge, où ils s'étaient multipliés et dont, leur nombre grandissant, ils supportaient de plus en plus difficilement les contraintes. Les plaies d'Égypte, et notamment la dixième : la mort des premiers-nés, vinrent à bout de la résistance de Pharaon.

Comment les faire sortir ? Un itinéraire Ramsès-Qadesh était déjà vraisemblablement ‘ dans l'air ’. Il faut cependant faire camper les Israélites en route. Il leur faut donc dresser leur camp dans la région du Delta oriental qu'il connaît bien : celle de Baal-Ṣapôn/Péluse/Migdol.

Le départ — ou la fuite — des Israélites exigeait qu'on les poursuivît... Il fallait bien une expédition militaire avec les troupes de Pharaon : l'infanterie, cela va de soi, mais aussi son arme la plus rapide : la charrerie, le souverain en tête. Précisément l'expédition de l'an V de Ramsès II comportait une telle mobilisation visible sur les reliefs. Celui qui a renseigné sur cette partie de l'Exode aura adapté aux nécessités de son récit ce qu'il pouvait voir de la bataille de Qadesh. Il ne s'agissait pas pour lui de raconter un combat mais une poursuite qui devait échouer par l'intervention de Dieu et de son envoyé. Comme Pharaon avait été puni de retenir les Israélites, il devait l'être de les poursuivre pour les ramener en Égypte. Or, à quelque point qu'on la franchisse, la frontière d'Égypte d'alors était constituée par une voie d'eau. Elle engloutirait les équipages, comme l'Oronte l'avait fait pour les chars coalisés ralliant la forteresse hittite.

Le point de passage choisi est le *yam sûf.* Cette voie d'eau, la mer des Roseaux, ... est à chercher dans le nord-est du Delta ... (suit une comparaison avec le passage du Jourdain en *Jos* 3-4, p. 353). S'agit-il, lors de la traversée de la mer des Roseaux, d'une eau courante ou stagnante ? On pencherait pour la seconde hypothèse ».

Le P. Couroyer finit son article par un résumé consciencieux[42] ; je ne le reprends pas ici pour ne pas redire, même en plus bref, ce que j'ai tenté de résumer, souvent en reprenant l'expression même du P. Couroyer.

---

42 *Art. cit.* pp. 356-358.

II. Remarques exégétiques

Que peut-on dire de cette lecture d'*Ex* 13,17-14,31 ? J'ai dit à plusieurs reprises que je n'ai aucune compétence pour juger de la valeur des remarques faisant intervenir l'égyptologie. D'autre part, dans une journée comme la présente, je considère que je n'ai pas à prendre, pour ainsi dire, mes distances par rapport au P. Couroyer en essayant de faire un bilan critique de son apport. Vous ne vous attendez pas, surtout, à ce que je vous présente une lecture exégétique d'*Ex* 13,17-14,31 à partir d'un autre point de vue, tel l'historico-critique. Mes remarques sont donc volontairement très limitées[43].

Le point de vue que je prends ici est celui de l'exégèse biblique. Je prends l'expression dans un sens très large, mais je ne saurais pas mettre entre parenthèses la dimension diachronique. Par ce biais, je me trouverais à la fin sur le point de signaler les limites de l'apport du P. Couroyer, mais je crois qu'il vaut mieux prendre ses contributions pour ce qu'elles apportent de positif que d'essayer de signaler ce qu'elles ne sont pas en mesure d'offrir.

a. Intérêt des recherches du point de vue philologique

Inutile de souligner l'intérêt des recherches du P. Couroyer du point de vue philologique. Pour ce faire en connaissance de cause on a besoin de compétences que je ne possède pas. Je crois pourtant que, laissant de côté des cas qui n'ont pas de relation directe avec *Ex* 13,17-14,31, l'explication de *šalîšîm* est un cas typique de cet apport pour mieux comprendre un mot de notre Bible. Si l'on maintient le sens général d'« officiers » que le mot peut avoir ailleurs (surtout dans les livres des Rois), on n'est pas sûr d'avoir perçu la nuance du mot dans son contexte précis : que viennent faire des « officiers » dans des chars de guerre ? Je ne veux pas dire que des officiers ne puissent pas se trouver sur des chars. Le problème est de savoir pourquoi précisément ce mot est employé dans ce contexte et, apparemment, pour l'ensemble des occupants des chars. Bien sûr, dans ce cas ce n'est peut-être pas la philologie comme telle mais plutôt l'histoire de la charrerie dans le Proche-Orient ancien, avec les représentations iconographiques et les expressions littéraires qui en découlent, qui nous aide à mieux percevoir la signification précise du terme. Ce qui est important est de souligner que la

---

43 Il va de soi que je ne peux pas, dans un bref espace, parler plus longuement des problèmes littéraires d'*Ex* 13,17-14,31 en justifiant d'une manière moyennement complète mon point de vue.

simple approximation n'a plus sa place lorsque la nuance précise vient à être découverte.

b. Une meilleure compréhension du texte biblique

Pour l'intelligence d'un récit comme *Ex* 13,17-14,31 le P. Couroyer offre bien davantage que l'explication d'un mot particulier. Il nous invite à mieux comprendre le texte biblique, et cela inclut la géographie : point de départ, endroit vers lequel les Israélites se dirigent et, surtout, lieu de l'action de l'événement précis, pour ne rien dire du déroulement même de l'action. Cela veut dire que le départ des Israélites et la marche jusqu'à Pi-Hahirôt où ils campent, la persécution de la part de Pharaon et de son armée, les chars jouant un rôle particulièrement central, la libération des Israélites et la noyade de l'ensemble de la charrerie des Égyptiens dans la mer, noyade qui signifie la libération définitive des Israélites, sont des points essentiels aussi bien pour le déroulement de l'événement rapporté en *Ex* 14 que pour sa comparaison avec le récit et les représentations de la bataille de Qadesh. J'ajoute que je viens de limiter volontairement ma présentation en ne parlant pas directement du « Passage de la mer Rouge » (ou plutôt « des Roseaux ») par les Israélites.

Pourquoi ? La raison en est fort simple : il y a dans le récit biblique, quoi qu'il en soit du problème de savoir à quelles sources écrites (documents) ou rédactions les attribuer, au moins deux manières de parler de l'événement. La première, et selon toute apparence la plus ancienne, dit simplement que les Israélites sont en quelque sorte restés sur place sans rien faire ; Yahvé s'est chargé d'assécher la mer par un fort vent d'est (v. 21) ; lorsque les Égyptiens étaient déjà tout proches, Yahvé fait refluer les eaux à leur place. Les Égyptiens s'en rendent compte trop tard et n'ont que le temps de dire : « Fuyons devant Israël car Yahvé combat avec eux contre les Égyptiens » (v. 25b) ; ils ont été engloutis par la mer (v. 27). Les Israélites n'ont qu'à constater que Yahvé, à leur insu et pendant la nuit (à l'aube), a frappé les Égyptiens ; ils pourront deviner ce qui s'est passé en trouvant les Égyptiens morts « au bord de la mer » (v. 30, fin)[44].

L'autre présentation, celle que la tradition postérieure a privilégiée, tant et si bien qu'elle fait partie de notre manière normale de parler de l'événement, est celle où Moïse reçoit l'ordre d'ouvrir la mer avec son bâton levé. La mer s'ouvre effectivement et elle forme même une muraille à droite et à gauche ; les Israélites peuvent passer à travers la mer et les Égyptiens

[44] Cf. J. LOZA, « Exodo 13,17-14,31 : Dos perspectivas de lectura », dans *EfMex*, 6, 1988, pp. 331-366 (339s).

s'engagent à leur poursuite. Lorsque les Israélites sont parvenus de l'autre côté, Moïse étend à nouveau son bâton, les eaux retournent à leur place et tous les Égyptiens qui les poursuivaient sont noyés (Ex 14,15-31, *passim*, surtout vv. 16.21*.22-23.27*.28-29[45]).

Or, ce que le P. Couroyer prétend est précisément que le récit de la bataille de Ramsès II contre les Hittites à Qadesh sur l'Oronte et les représentations faites par les artistes égyptiens dans les temples et palais de Pi-Ramsès seraient *pour nous* bien plus qu'une illustration parmi d'autres possibles, c'est-à-dire une aide pour mieux percevoir ce qui s'est passé. Au contraire, ce serait la source immédiate et directe d'inspiration qui aurait permis à l'auteur biblique de s'exprimer comme il l'a fait, le moyen à travers lequel il est arrivé à se représenter l'événement et à en faire le récit pour la postérité dans les termes dans lesquels il le fait. C'est parce qu'il a pu connaître et le récit de la bataille de Qadesh sur l'Oronte et les représentations égyptiennes de celle-ci à Pi-Ramsès et donc parce qu'il aurait vécu assez longuement dans la région du Delta oriental du Nil que l'auteur biblique a pu décrire le « miracle de la mer », et même l'itinéraire des Israélites en sortant d'Égypte, dans les termes que nous trouvons dans la narration d'*Ex* 14.

C'est parvenu à ce point que l'exégète, en tout cas celui qui considère le texte biblique dans une perspective diachronique et qui trouve dans le texte dont il s'occupe des indications l'empêchant de le considérer comme unité simple venant d'un seul auteur ou rédacteur, quel qu'il soit, commence à se poser des questions. Le problème au point de départ pourrait être celui-ci : de quel auteur (ou rédacteur) parle-t-on de la sorte ? J'ai dit que je ne ferai pas une lecture historico-critique du texte biblique ; je tiens parole et je laisse là les choses. Mais le problème devait être souligné.

Revenons au P. Couroyer. Ce qu'il nous présente, si nous tentons d'établir un pont avec l'exégèse historico-critique, permettrait de dire que la profonde « coloration égyptienne » du récit biblique, pour employer son expression, se situe au niveau le plus ancien, celui de la tradition ou source yahviste. C'est J qui, apparemment, fait partir les Israélites de (Pi-) Ramsès par Sukkot (12,37 ; cf. 1,11[46]), qui nous parle de la marche jusqu'à Pi-Hahirôt : c'est encore J qui, par la suite, décrira la marche par la route qui

---

45 Cf. *art. cit.*, pp. 340s.

46 O. EISSFELDT, *Hexateuch-Synopse*, Leipzig, 1922 = Darmstadt, 1962, pp. 107* et 131* attribuait les deux passages à sa *Laienquelle*, mais il en va de même pour une partie importante du récit d'*Ex* 13,17-14,31 (pp. 133*-137*).

mène à Qadesh[47]. La perspective est donc bien différente de celle d'Ex 13,17-18 (E[48]).

Je sais bien qu'il y a des problèmes quant à cette attribution à J et quant à sa datation, que les solutions en cours sont fort divergentes, mais ce n'est pas ici le lieu d'en discuter. Je souligne simplement, et je finis par cette remarque, que c'est bien en fonction du Yahviste de la critique littéraire que le P. Couroyer parle d'un auteur[49], qui aurait vécu dans le Delta oriental du Nil et aurait présenté l'exode d'Égypte à l'image de la bataille de Ramsès II contre les Hittites à Qadesh sur l'Oronte. Bien sûr, là où la chronique et les représentations égyptiennes parlaient de Ramsès II, l'auteur biblique, le Yahviste (si l'on veut garder cette attribution), voit l'intervention de Yahvé qui sauve Israël en le faisant sortir de l'Égypte, qui le conduit aussi à travers le désert pour le mener à la terre où, d'après la tradition, avaient vécu ses ancêtres.

José LOZA VERA, O.P.

7 mars 1994

---

47 Le P. Couroyer l'affirme pratiquement à un moment donné (*Art. cit.*, p. 333).

48 Mais certainement le récit E, s'il y en a eu un, n'est conservé qu'à l'état de quelques fragments. La version la plus récente (cf. n. 45) serait de P.

49 Même si à un moment donné il parle de la « rédaction finale du livre de l'Exode » (*art. cit.*, p. 357), il est clair que l'apport de cet auteur précis ne se situe pas au niveau de la rédaction finale du livre, mais bien à un époque plus ancienne (cf. pp. 354-357, surtout 357).

LA STÈLE D'ISRAËL
GRAMMAIRE ET STRATÉGIE DE COMMUNICATION*

Cette contribution est dédiée à la mémoire vénérée du Père Couroyer, que j'ai eu la chance de connaître pendant des années. Mes premiers contacts avec lui remontent aux années 70 lorsque, étant encore à la recherche d'un champ de travail, j'envisageais l'Égypte et la littérature biblique de la Sagesse. Ensuite, j'ai encore eu des contacts avec le Père Couroyer lorsque j'étudiais une collection de scarabées. Dernièrement nos voies se sont encore rencontrées sur le sujet de l'Exode. Il faut ajouter, naturellement, les rencontres d'un autre genre, dans la bibliothèque de l'École ou à l'occasion d'une fête qu'on célébrait ensemble. Sa mémoire est en bénédiction.

Ce travail sur la Stèle d'Israël a commencé il y a deux ans, lorsque je rédigeais des notes pour les étudiants, en préparation de l'excursion du Studium Biblicum Franciscanum en Égypte. De plus en plus je me suis rendu compte des difficultés du texte et des nombreuses obscurités qui demeurent malgré les études égyptologiques plus récentes[1].

La Stèle d'Israël a été très souvent citée dans ces dernières années, particulièrement à la suite d'une étude de F. Yurco, qui a cru pouvoir démontrer que certains bas-reliefs de Karnak, qu'on attribuait auparavant à Ramsès II, étaient en fait de Merneptah, dont le nom avait été martelé. Ce qui a suscité l'intérêt des savants, c'est la thèse de Yurco selon laquelle, dans ces bas-reliefs, Merneptah aurait illustré sa campagne palestinienne ébauchée dans les deux dernières lignes de la Stèle d'Israël. Les bas-reliefs auraient donc démontré le caractère historique de la campagne palestinienne de Merneptah, qui était mis en question par beaucoup de savants. Cette hypothèse sera discutée brièvement vers la fin de mon étude. Je note, pour le moment, le fait que la plupart de ceux qui citent la Stèle d'Israël, mentionnent seulement la partie finale, en faisant abstraction du reste.

Finalement j'ai décidé de relever le défi que pose la Stèle d'Israël dans son intégralité, en essayant de comprendre la place et la fonction de la

---

* Je remercie A. Storme et D. Attinger qui ont corrigé mon texte français.

[1] Lichtheim, II, 73-78 ; Fecht, 106-138 ; Hornung, 215-233 ; Lalouette, 119-124 ; Kaplony-Heckel, 525-619.

fameuse partie finale, et dans l'espoir aussi d'en tirer quelques critères objectifs pour l'interpréter du point de vue d'abord littéraire et ensuite historique.

*****

La stèle, appartenant à l'origine à Amenophis III, fut usurpée par Merneptah qui en utilisa le *verso* et l'érigea dans son temple funéraire à l'ouest de Thèbes. Elle se trouve maintenant au Musée égyptien du Caire (N. 34025 verso). Une stèle avec le même texte fut érigée dans le temple de Karnak. Les deux stèles sont publiées ensemble dans *KRI* IV,12-19.

Le nom de « Stèle d'Israël » provient du fait qu'elle mentionne le nom d'Israël, fait unique dans la littérature égyptienne. Mais, 26 des 28 lignes de l'inscription ne concernent pas Israël, qui n'est mentionné que dans l'avant-dernière ligne, ni même la Palestine, mais la Libye. La Libye, l'ennemi de l'ouest, constitua au temps de Merneptah un grave danger, comme il ressort tant de la stèle que d'autres documents du même roi qui rappellent cette campagne : une longue inscription du temple de Karnak (*KRI* IV,2-12 ; *ARE* III, §§ 574-592) ; la stèle de Kom el-Ahmar, ou d'Athribis (*KRI* IV,19-22 ; *ARE* III, §§ 597-601) ; et une colonne de granit d'Héliopolis, maintenant au Musée égyptien du Caire (*KRI* IV,23 ; *ARE* III, §§ 594-595).

1. Niveaux du texte

Je présente une transcription de la stèle en la subdivisant en unités grammaticales que je nommerai « vers », car le texte a une allure élevée, rhétorique et presque rythmique qui le rapproche de la poésie. Cette subdivision est pragmatique, basée sur la grammaire, sur le sens et aussi sur une certaine uniformité dans la longueur des vers, sans pour autant impliquer un choix précis sur des questions de métrique. En effet, malgré les efforts des chercheurs (G. Fecht en particulier), les lois de la métrique égyptienne restent encore mystérieuses (comme le sont d'ailleurs aussi celles de la poésie de l'hébreu biblique)[2].

Dire que la subdivision du texte se fonde sur la grammaire, signifie que, normalement, un vers est constitué d'une seule proposition complète. J'estime, en effet, que c'est là un critère valable (même si insuffisant) pour la scansion des vers, tant dans la poésie égyptienne que dans la poésie biblique.

---

[2] Pour ce qui concerne la Stèle d'Israël, tandis que selon la plupart des interprètes elle est poésie, pour Kaplony-Heckel peu de passages seulement le sont, vers le commencement et à la fin (lignes 2-5 ; 26-28).

Parfois, à cause du principe de l'uniformité dans la longueur, un vers peut contenir deux propositions complètes, ou, *vice versa,* une proposition peut être subdivisée en plusieurs vers successifs.

Pour comprendre la composition et le genre de la Stèle d'Israël, j'ai cru bon de me fier à l'analyse des formes verbales et des autres constructions qui s'y trouvent. On parvient ainsi à distinguer les différents niveaux du texte et, partant, à discerner la perspective dominante.

Je distingue trois niveaux (ou plans) du texte. Le premier est constitué par les formes verbales des 28 premiers vers, alors que le deuxième commence à partir du vers 29. Au début, ce deuxième niveau contient des formes circonstancielles qui communiquent des détails relatifs aux informations du premier niveau ; mais ces formes deviennent rapidement prépondérantes (elles occupent le reste de la stèle) au point de former pratiquement le niveau principal de la communication. Une fois devenues niveau principal, ces formes disposent à leur tour d'un niveau secondaire propre pour communiquer des informations de détail (formes circonstancielles) : c'est ce que j'appelle le troisième niveau.

On assiste à un passage des épithètes générales du roi dans les premiers vers, au récit de ses prouesses dans le reste de la stèle, auquel correspond, au niveau grammatical, un passage des formes hymniques à des formes circonstancielles, et ensuite des formes circonstancielles à des formes présentatives ou dramatiques. J'expliquerai peu à peu cette exposition synthétique. Pour l'instant, on peut montrer l'allure générale du texte de la manière suivante :

PREMIER NIVEAU :		
participes hymniques,	*DEUXIÈME NIVEAU :*	
épithètes ------------ →	niveau secondaire, formes	niveau principal, formes
	circonstancielles -------- →	présentatives, dramatiques
lignes 1-28	29-30 ----------------- →	31-fin

Les formes verbales du premier niveau sont (après la datation) : des infinitifs (8-10) et une série d'épithètes avec substantifs en apposition, participes (dits « hymniques » parce que typiques des compositions laudatives) et formes relatives (11-28). De ces formes verbales et de ces constructions du premier niveau dépend une première forme circonstancielle (sḏm.f) qui transmet un détail de l'information principale du premier niveau : *di͗.f ṯ3w n rḫyt wnw nt(w)* « rendant le souffle aux gens qui étaient en détresse » (18). La forme circonstancielle successive (un autre sḏm.f en 29) ouvre une série de formes et constructions ayant la même fonction. Le deuxième niveau devient ainsi la ligne principale de la communication.

Pratiquement, on passe de la louange générale du pharaon, exprimée par des épithètes et des formes hymniques, à un récit des faits concrets de valeur.

Il est possible de mieux préciser ce passage. On observe d'abord que la titulature du pharaon apparaît en certains points stratégiques de la stèle. C'est ainsi que le titre double, avec prénom : « roi de la Haute et Basse-Égypte », et nom : « fils de Rê », termine régulièrement une portion de texte. En appliquant ce critère, on distingue cinq sections : 8-12 ; 13-24 ; 25-122 ; 123-148 ; 149-162. Il en résulte que deux petites sections, tant au début qu'à la fin, encadrent la plus longue section centrale[3].

La deuxième observation est directement liée à ce que je voudrais montrer, c.-à-d. le passage de la louange générale au récit concret. La première section énonce le thème : raconter les victoires de Merneptah pour que toute nation les connaisse et puisse en voir ainsi la beauté. La seconde fait allusion, en termes généraux, à une tempête qui se trouvait sur l'Égypte et que le pharaon, comme le soleil divin (Schou), a dissipée ; à la libération et à la restauration de Memphis et de son dieu Tatenen, sans préciser qui avait déchaîné cette tempête ou contre qui était survenue la libération. La troisième section (celle qui occupe la position centrale) nomme expressément la Libye et ses diverses tribus ainsi que son chef Mery (Meriay, ou Merey), et en raconte la défaite. Pour compléter le tableau, ajoutons que la quatrième section, sans plus nommer la Libye, poursuit en décrivant, toujours avec les formes verbales du deuxième niveau, la paix interne de l'Égypte, tandis que la cinquième dépeint la pacification internationale. On constate ainsi que, sur le plan du contenu aussi, on assiste au passage du générique au spécifique.

Relevons une conséquence de ce que nous sommes en train de dire, pour l'interprétation de la partie finale la plus célèbre de la stèle (une question que nous reprendrons plus loin). Cette dernière partie ne semble pas former une section spécifique, malgré les noms géographiques qui y apparaissent. La seule section réellement spécifique, celle qui raconte des faits concrets, est la partie centrale qui concerne la Libye. Les noms de la partie finale semblent servir à présenter un cadre universel : ils sont à peine plus que des points de repère géographiques. Cette observation n'entend guère nier l'historicité d'une campagne syro-palestinienne de Merneptah. Toutefois nous devons nous rendre compte qu'elle n'est pas un argument spécifique de la Stèle d'Israël.

Le moment est venu de discuter les formes verbales et les constructions non verbales qui apparaissent dans le deuxième niveau. Du

---

[3] Dans cette section apparaissent soit la titulature simple (prénom 87 ; nom 95 et 115), soit la titulature double (110-111), mais insérées dans les discours des dieux : elles ne servent donc pas de clôture d'une section. Sur la composition de la stèle voir *infra*, § 4.

point de vue grammatical elles sont les suivantes (classées selon le nombre des attestations) : sḏm.f, aussi négatifs (38x) ; propositions nominales, aussi négatives (34x), et propositions pseudoverbales, aussi négatives et précédées de *ỉw* (32x). Du point de vue syntactique, ces formes et constructions peuvent en soi être circonstancielles et dépendre ainsi de la précédente forme verbale du premier niveau (ou niveau principal de la communication), mais elles peuvent aussi appartenir au premier niveau avec une fonction spéciale.

On peut illustrer leur fonction en relevant qu'elles se trouvent souvent introduites par l'auxiliaire *ỉw* ou par *mk* « voici ». Avec *ỉw,* ces formes et constructions constituent des propositions indépendantes exprimant des considérations générales qui qualifient le sujet dont il est question et sont faites du point de vue de celui qui parle (*ỉw* dit « égocentrique »)[4]. Précédées de *mk* (sans *ỉw)*, au contraire, elles constituent des propositions descriptives dont la fonction consiste à placer sous les yeux du destinataire de la communication une scène déterminée (on peut parler de « constructions présentatives »). Les mêmes phrases apparaissent (ou pourraient apparaître) aussi sans *ỉw* et sans *mk,* tout en étant indépendantes du point de vue syntactique. Elles servent à décrire les faits comme s'ils étaient représentés sur la scène d'un théâtre (dit « constructions dramatiques »)[5]. Les constructions présentatives et dramatiques ont une fonction semblable, clairement distincte de celles avec l'auxiliaire *ỉw :* elles décrivent quelque chose qui est en train de se vérifier en ce moment même sous les yeux de celui qui parle et de celui qui écoute, ou qui est présenté comme tel. Avec *ỉw,* en revanche, ces mêmes formes verbales ou constructions expriment des qualités ou des informations toujours valables.

Trois fois parmi ces constructions présentatives et dramatiques du deuxième niveau (81-82 ; 130 ; 141), et une fois aussi parmi les constructions circonstancielles du troisième niveau (40), on trouve des formes emphatiques du moyen-égyptien (avec gémination) et du néo-égyptien (marquées par le

---

[4] Polotsky 1965, § 49.

[5] Polotsky 1965, note 61, signale un type de sḏm.f « nu » (non précédé de *ỉw)* avec la fonction de transmettre des indications scéniques (« stage directions »). Je considère que les formes nominales et pseudoverbales dont il est question ici ont une fonction dramatique ou présentative analogue à celle du sḏm.f utilisé pour les indications scéniques. La différence se trouve dans le fait que la fonction dramatique est liée à la représentation théâtrale, tandis que la fonction présentative est liée à la situation du dialogue. La proposition présentative n'est pas toujours clairement définie dans les grammaires. On peut consulter, pour sa description dans la langue italienne, Renzi, 36-37. En français on désigne comme « présentatives » les particules *voici* et *voilà,* mais non pas les propositions introduites par elles (Grevisse, §§ 1043 ; 1046-1047).

préfixe *i*.)[6] ayant la fonction de souligner un détail de l'information principale (le complément).

C'est à l'aide de ces formes verbales et constructions du deuxième niveau que sont racontés les faits et données les informations de la Stèle d'Israël. Pour évaluer ces faits et ces informations du point de vue historique, il est nécessaire de tenir compte de la situation grammaticale et linguistique que nous venons d'indiquer, car les formes verbales utilisées sont certainement le signe le plus important pour comprendre la stratégie de communication que poursuit l'inscription. Sur cette base nous pouvons affirmer que le récit « historique » se trouve introduit comme une spécification et une matérialisation de l'ample louange adressée au pharaon Merneptah.

J'ai écrit l'adjectif « historique » entre guillemets pour un motif simple : dans la Stèle d'Israël n'apparaît aucune forme verbale ou construction typique de la narration historique. J'entends par narration historique le récit détaché, fait normalement à la troisième personne, concernant des personnes ou des faits qui ne sont ni présents ni actuels au moment de la communication. Ainsi définie, la narration se distingue nettement du discours qui, au contraire, est fait du point de vue de celui qui parle ou écrit et entend impliquer l'auditeur ou le lecteur à l'aide d'appels directs (dialogue, sermon) ou indirects (réflexion, commentaire) et l'informer sur des personnes ou des faits présents ou actuels au moment de la communication[7].

En moyen- et néo-égyptien les formes verbales les plus communes de la narration historique sont *ʿḥʿ.n* + sḏm.n.f (ou + construction pseudoverbale), *sḏm pw ỉr.n.f* et *wn.ỉn ḥr sḏm* (Gardiner 1966, §§ 392 ; 470 ;

---

[6] Voir Korostovtsev, §§ 309ss, qui se base sur Polotsky 1944, 125-207.

[7] La distinction entre récit historique *(Erzählung ; narrative)* et discours *(Rede / Bericht ; discourse)* a été faite à partir des années '50 en égyptologie grâce à F. Hintze (voir Polotsky 1965, § 35 ; Doret, 13-14), mais il ne semble pas qu'on ait entrepris, jusqu'à présent, une classification complète des formes verbales et des constructions égyptiennes sur la base de ces deux genres de la prose. Même la monographie de Doret que je viens de citer ne le fait pas non plus. L'auteur affirme, par exemple : « The difference between *jw* and *ʿḥʿ.n* is stylistic. *ʿḥʿ.n* occurs much less frequently than *jw*, and it is more distinctive marker of initiality—hence the translation "(and) then"—often used to introduce new episodes in narrative texts » (p. 126). Il me semble que la distinction n'est pas seulement stylistique mais liée au genre : *ỉw* + sḏm.n.f est utilisé dans les textes qui relatent des faits ou communiquent des informations du point de vue de celui qui parle ou écrit, tandis que *ʿḥʿ.n* + sḏm.n.f est usuel dans les textes historiques (historiques au sens précisé ci-dessus). L'occurrence de *ʿḥʿ.n* dans les textes historiques (ou narratifs) est relevée par Doret lui-même dans le passage cité plus haut, tandis que l'égocentrisme de *ỉw* a été illustré par Polotsky 1965, comme je l'ai déjà signalé plus haut.

478 ; Erman 1933, § 513). Le fait qu'aucune de ces formes n'apparaisse dans la Stèle d'Israël et que les formes employées soient en revanche présentatives ou dramatiques, signifie qu'il ne s'agit pas d'un texte historique (dans le sens indiqué), mais d'un texte discursif qui présente des faits et des informations non point sous le mode détaché de l'historien, mais sous celui, impliqué et impliquant, du propagandiste. Par là je n'entends pas affirmer – et je le répète – que ces faits et ces informations ont été inventés, mais que l'histoire n'est pas racontée pour elle-même : elle l'a été dans un but de célébration[8]. Il s'agit de « raconter ses victoires dans toutes les terres, (de) faire en sorte qu'ensemble chaque terre connaisse, (de) faire voir la beauté dans ses exploits » (8-10).

2. Grammaire

Dans l'analyse grammaticale du deuxième niveau, j'utiliserai des sigles basés sur la distinction usuelle entre proposition verbale, où le verbe fini est prédicat ; proposition pseudoverbale, où le prédicat est le vieux perfectif, ou une préposition (*ʿr*, *m* ou *r*) + infinitif ; et proposition nominale, où le prédicat est un adverbe, un substantif ou un adjectif. Les sigles utilisés sont les suivants :

« apposition »	apposition, généralement du sujet
« (ell.)»	(proposition nominale) elliptique
« impératif »	proposition verbale avec impératif
« (*ỉw*) »	*ỉw* + proposition nominale ou pseudoverbale
« *(mk)* »	*mk* + proposition verbale ou nominale
« nég. »	correspondant négatif du *sḏm.f*, de la proposition nominale ou de la proposition pseudoverbale (selon les cas)
« p.n.1 »	proposition nominale avec adverbe ou syntagme prépositionnel pour prédicat
« p.n.2 »	proposition nominale avec pour prédicat un substantif ou un pronom personnel (y compris la construction emphatique appelée « participial statement » : Gardiner 1966, § 227,3, ou « proposition participiale » : Korostovtsev § 261)
« p.n.3 »	proposition nominale avec adjectif pour prédicat

[8] Je ne peux pas entrer ici dans le problème du rapport entre histoire et théologie, c.-à-d. dans la question de savoir si un fait raconté dans une intention théologique ou, plus généralement, propagandiste, est historique ou non. Curieusement, ce problème est soulevé par les exégètes et les historiens à propos des textes bibliques, mais non à propos des textes extra-bibliques. Même s'il n'existe probablement pas d'historiographie non théologique ou non propagandiste, tant dans la Bible que dans les littératures du Proche-Orient ancien.

« p.n.4 »	proposition nominale avec un 'quasi-verbe' pour prédicat
« pendens »	casus pendens
« ps.v.1 »	proposition pseudoverbale avec vieux perfectif pour prédicat
« ps.v.2 »	proposition pseudoverbale avec préposition + infinitif pour prédicat
« *sḏm.f* »	*sḏm.f* actif ou passif (y compris *ỉw* quand il n'est pas circonstanciel) (proposition verbale).

La proposition nominale est elliptique lorsqu'un élément constitutif (sujet, prédicat) n'est pas exprimé, mais l'on peut déduire du contexte. Dans notre stèle il y a des exemples où le sujet manque (49 ; 73) ; ou encore, le prédicat n'est pas répété (54 : second sujet du prédicat qui précède).

L'auxiliaire (ou 'quasi-verbe') *ỉw* se trouve dans notre stèle, soit comme partie intégrante d'une construction, soit comme modificateur d'une construction complète (comme en néo-égyptien : Erman 1933, § 453). Il est partie intégrante, par exemple, en *ỉw.f r wnm.f* (144) car **f r wnm.f* n'est pas une proposition complète. Au contraire, il est modificateur, par exemple, en *ỉw bn s<n>ḏt nbt m ỉb n rmṯ* (130). En néo-égyptien *ỉw* marque une proposition circonstancielle (dans notre stèle : 67 ; 129 ; 130 ; 141 ; 142). Il marque également une proposition principale dans la fonction d'apodose (47) et après un *casus pendens* (144 ; 160).

Pour justifier cette analyse il convient de relever que la majorité des formes verbales de notre stèle ne sont pas précédées de *ỉw* (= sont des formes présentatives ou dramatiques, comme on l'a déjà expliqué : 67 ; 129 ; 130 ; 141 ; 142). Dans certains cas, *ỉw* est clairement circonstanciel (dans les cas indiqués ci-dessus), tandis que dans d'autres il ne l'est pas (47 ; 144 ; 160). Je veux montrer que ces derniers cas s'expliquent en appliquant le schéma 'protase + apodose'. Pour quelque raison, l'apodose est le lieu syntactique qui permet à *ỉw* de conserver la fonction qu'il a dans la langue classique : celle de marquer une proposition principale. Le cas du vers 47 est plutôt évident : *spr.f r ḫꜣst.f* est la protase alors que *ỉw.f m nḫwt* est l'apodose : « Quand il arriva sur sa terre, il fut en deuil ». Le terme d' 'apodose' qualifie une proposition principale qui suit une proposition secondaire, appelée 'protase', les deux propositions étant reliées selon le schéma 'circonstance + action principale'. Ensemble, 'circonstance + action principale' constituent une phrase à deux membres (proposition double) non divisible[9].

[9] L'ordre inverse (proposition principale + proposition circonstancielle) ne constituerait pas une proposition double avec deux membres inséparables, mais deux propositions unies de manière contingente. Le fait est qu'en égyptien, comme en hébreu biblique et peut-être en d'autres langues encore, la proposition double a une structure syntactique spéciale. Cette structure spéciale ressort du fait que dans les langues mentionnées le schéma syntactique

Dans deux autres cas *ỉw* est précédé d'un *casus pendens : pꜣ skꜣ šmw.f* (casus pendens) *ỉw.f r wnm.f,* litt. : « celui qui travaille à sa récolte, il la mangera » (144) ; et *pꜣ nty nb m šmꜣ* (casus pendens) *ỉw.tw ḥr wʿf.f,* litt. : « quiconque s'en allait errant, il a été mis sous le joug » (160). Or on peut montrer que, du point de vue syntactique, le casus pendens a la fonction de protase et équivaut à une circonstance placée en tête de la phrase ; c.-à-d., dans 144, « celui qui travaille » équivaut à : « si quelqu'un travaille » ; de même, en 160, « quiconque s'en allait errant » signifie : « si quelqu'un s'en allait errant »[10].

Les autres cas de *casus pendens* qui apparaissent dans notre stèle sont : *pḥw.w, bw ỉr rdwy.w smn wp-ḥr pd* « quant à leurs arrière-gardes, leurs pieds ne tinrent pas ferme, mais ils s'enfuirent » (32) ; *nḫt(t), n(y)-sy sw* « la victoire, à lui elle appartient » (69) ; *ỉr Kmt, ... tꜣ šrỉt wʿty(t) n pꜣ Rʿ* « quant à l'Égypte ... c'est l'enfant unique de Rê » (73) ; *Mry, ... sw wpy ḥnʿ.f m ꜣIwnw* « Mery, ... il a été jugé avec lui (Merneptah) à Héliopolis » (83-84) ; *pꜣ n<t>y ḥr nwyt dnỉw n ỉsft, pḥt n ktḫ* « celui qui se procure des portions d'injustice, la proie est pour d'autres » (104-105) ; *Mry ... ḏd Ptḥ r ḫrw n Rbw* « Mery ... (une série de spécifications) a donc dit Ptah à propos de l'ennemi de Libye (Mery même) » (107 ; 112) ; *sw, ms.tw? m-šꜣw n nḏty.s* « quant à lui, (il) a été engendré dans la dignité de son défenseur (de l'Égypte) » (146) ; *tꜣw nbw dmḏ(w), st m ḥtpw* « les terres toutes ensemble, elles sont en paix » (159)[11].

---

normal est le revers : proposition principale + proposition circonstancielle. J'ai illustré ailleurs ce schéma (c.à-d. proposition corrélative et proposition conditionnelle ayant des « formes emphatiques », ou « temps seconds », dans le premier membre, ou protase, et des constructions indépendantes dans le deuxième membre, ou apodose) en égyptien classique (Niccacci 1980). Voir aussi Vernus, et comparer les articles de J.F. Borghouts, L. Depuydt, C.J. Eyre et F. Junge dans Englund - Frandsen. La proposition double en hébreu biblique a été illustrée par Niccacci 1990, chap. 8, en particulier § 126, et par Niccacci 1991, § 4.4.

[10] La situation est la même probablement dans toutes les langues. Pour le français, Bally, § 89, donne l'analyse suivante : « *Cet élève,* je l'aime bien ; *cet élève,* je lui ai donné un livre ... = « Pour cet élève, quant à cet élève, puisqu'il est question de ..., s'il est question de ... », etc. » (p. 65) (à noter que la « phrase segmentée » de Bally, comme elle est expliquée en § 79, correspond à ma « proposition double »). Pour l'hébreu je renvoie à Niccacci 1990, § 118. On trouve pas mal de confusion dans la littérature linguistique récente — soit dans la littérature linguistique générale, soit dans celle d'une langue particulière, par exemple l'hébreu — à propos de la fonction syntactique de ce qu'on appelle traditionnellement *casus pendens* (terme usuel surtout dans les grammaires de l'hébreu biblique) et que les linguistes modernes appellent « topic », ou « left-dislocation ». De l'analyse présentée ici il ressort que le casus pendens n'implique aucune emphase et qu'il ne fait pas partie de la proposition qui le suit.

[11] Comme dans les cas nommés plus haut, le casus pendens sert de protase : « quant à leurs arrière-gardes, si nous parlons de leurs arrière-gardes ; si nous parlons de la victoire,

Il nous faut encore préciser le sens de l'expression 'quasi-verbe' qui n'est pas usuelle dans les grammaires égyptiennes. Elle désigne un élément grammatical qui n'est pas (ou qui n'est plus) un verbe mais qui se comporte, en certains cas, comme un verbe, dans le sens qu'il forme une proposition complète avec un simple pronom ou un nom qui lui sert de sujet. À cette catégorie appartient *mk* « voici », comme par exemple *mk wỉ* « me voici ». Dans notre stèle, pourtant, cet usage n'est pas attesté : *mk* introduit toujours une proposition complète (100 ; 116 ; 140)[12].

La négation néo-égyptienne *bn* constitue un 'quasi-verbe' (cf. Erman 1933, §§ 758ss) lorsqu'elle introduit une proposition en soi incomplète, comme dans les exemples suivants : *bn n.f mw n šdt* « il n'avait plus d'eau dans sa gourde » (42) ; *bn kꜣt n(t) fꜣt-ḫnỉ* (?) « il n'y a plus le travail du transport des poids » (66) ; *bn sgb n ʿš m grḥ* « il n'y a pas de cri d'appel pendant la nuit » (139) ; *bn ḳsnt rmṯ* « il n'y a pas de disgrâce des gens » (142) ; *bn prt.f* « il n'a plus de descendance » (157). En sigle, ces cas sont analysables comme 'p.n.4', c.-à-d. comme une proposition nominale avec un 'quasi-verbe'. Dans les autres passages, en revanche, *bn* modifie une proposition nominale ou pseudoverbale complète (38 ; 103 ; 130[13] ; 138 ; 150).

La distinction entre les divers types de propositions nominales ('pn.1', 'p.n.2', 'p.n.3') est habituelle dans les grammaires. Il faut toutefois souligner qu'il s'agit de types équivalents, composés des deux éléments fondamentaux : sujet et prédicat ; peu importe donc que le prédicat soit un nom, un adjectif ou un adverbe. On peut dire, de façon générale, qu'il y a deux genres de prédicats dans la proposition nominale : le nom et l'adverbe. Au genre du nom appartiennent le substantif et l'infinitif, tandis que l'adverbe proprement dit et le syntagme prépositionnel (préposition + nom) appartiennent à la catégorie de l'adverbe. On peut même aller plus loin et affirmer que la proposition dite pseudoverbale est, elle aussi, nominale et que son prédicat (vieux perfectif ou préposition + infinitif) appartient au genre de l'adverbe[14].

Il faut expliquer l'analyse que je fais de quelques cas qui pourraient susciter une certaine perplexité. Puisque le pronom interrogatif est par sa nature même un prédicat[15], une phrase telle que : *n-m ʿḥꜣ* « qui combattra... ? » (70) est une proposition nominale avec prédicat pronominal,

... de l'Égypte, ... de Mery, ... de celui qui se procure des portions d'injustice, ... de Mery, ... de lui, ... des terres toutes ensemble ».

[12] Voir le commentaire du vers 49 (§ 5).

[13] Ici *bn* est précédé de *ỉw* circonstanciel.

[14] Voir la critique de la dénomination « pseudoverbal » par Polotsky 1976, § 3.4, p. 30.

[15] Il suffit de renvoyer à Polotsky 1944, 135.

et non pas adjectival (on aura donc 'p.n.2' et non pas 'p.n.3'), car le prédicat est *n-m* et non *'ḥꜣ*.

De manière analogue, ce qu'on appelle « participial statement », ou « proposition participiale » ('c'est lui/ le roi qui fait/ fit...'), est analysé comme proposition nominale avec prédicat pronominal ou nominal, et non pas adjectival (on aura donc 'p.n.2' et non 'p.n.3') ou verbal. Ainsi au vers 77 le prédicat est *nts* et non point le sḏm.f qui suit, tandis qu'en 119 c'est *m 'Imn* et qu'en 134 c'est *m Šw*.

3. Texte

(a) Raconter ses victoires

1) *ḥꜣt-sp 5 ꜣbd 3 šmw sw 3*
La cinquième année de règne, le troisième mois de l'été, le troisième jour,

2) *ḫr ḥm n Ḥrw kꜣ-nḫt ḫ' m mꜣ't*
sous Sa Majesté de Horus, le Taureau puissant, Celui qui se réjouit dans la Ma'at,

3) *nsw-bit Bꜣ-N-R' - MRY-'IMN*
le roi de la Haute et Basse-Égypte BAENRÊ AIMÉ D'AMON,

4) *sꜣ-R' MR.N-PTḤ - ḤTP-ḤR-Mꜣ'T*
le fils de Rê MERNEPTAH CONTENT DE LA MA'AT,

5) *sꜣ' pḥty, sḳꜣ ḫpš n Ḥrw*
magnifié par le pouvoir, élevé par la force de Horus ;

6) *kꜣ-nḫt ḥw pḏt 9*
Taureau fort, Celui qui frappe les Neuf Arcs,

7) *di rn.f n nḥḥ ḏt*
dont le nom est établi dans l'éternité pour toujours.

8) *sḏdt nꜣy.f* (2) *nḫtw m tꜣw nbw*
Raconter ses victoires dans toutes les terres,

9) *rdit 'm tꜣ nb dmḏ(w)*
faire en sorte qu'ensemble chaque terre connaisse,

10) *rdit mꜣ.tw nfr m nꜣy.f ḳnw*
faire voir la beauté dans ses exploits,

11) *nsw-bit Bꜣ-N-R' - MRY-'IMN*
le roi de la Haute et Basse-Égypte BAENRÊ AIMÉ D'AMON,

12) *sꜣ-R' MR.N-PTḤ - ḤTP-ḤR-Mꜣ'T*
le fils de Rê MERNEPTAH CONTENT DE LA MA'AT.

(b) Une tempête dissipée

13) *pꜣ kꜣ nb pḥty smꜣ ḫrwyw.f*
Le Taureau seigneur de pouvoir, qui massacre ses ennemis,
14) *ꜥn ḥr bꜣwy n ḳn hnd!.f ḫpr(w)*
splendide dans l'arène de la prouesse quand son attaque s'accomplit ;
15) *Šw kf* (3) *šnꜥ wnw ḥr Kmt*
Schou qui a dissipé la tempête qui se trouvait sur l'Égypte *(Kemet),*
16) *di͗ mꜣ Tꜣ-mri͗ stwt i͗tn*
qui a donné à l'Égypte *(Ta-meri)* de voir les rayons du soleil,
17) *rwi͗ ḏw n ḥmt ḥr nḥbt pꜥ(t)*
qui a ôté la montagne d'airain qui pesait sur le cou du peuple
18) sḏm.f | *di͗.f ṯꜣw n rḫyt wnw nt(w)*
rendant le souffle aux gens qui étaient en détresse ;
19) *i͗ꜥ i͗b n Ḥwt-kꜣ-Ptḥ m nꜣy.sn ḫftyw*
lui qui a donné satisfaction à Hout-ka-Ptah (Memphis) sur ses ennemis,
20) *di͗ rš Tꜣ-ṯnn m nꜣy.f sbi͗w*
qui a permis à Tatenen de se réjouir de ses adversaires,
21) *wn sbꜣw n ʾInbw wnw ḏbꜣ(w)*
qui a ouvert les portes de 'Murailles' qui étaient barrées,
22) *di͗ šsp* (4) *rw-prw.f nꜣy.sn šbw*
qui a rendu possible que ses temples reçoivent leurs offrandes,
23) *nsw-bi͗t Bꜣ-N-Rꜥ - MRY-ʾIMN*
le roi de la Haute et Basse-Égypte BAENRÊ AIMÉ
D'AMON,
24) *sꜣ-Rꜥ MR.N-PTḤ - ḤTP-ḤR-MꜣꜥT*
le fils de Rê MERNEPTAH CONTENT DE LA MAꜥAT.

(C) Défaite des Libyens et joie des Égyptiens

25) *wꜥ smn ḥꜣtyw n ḥfn*
Lui qui, seul, rend force aux coeurs de centaines de milliers,
26) *ꜥḳ ṯꜣw r fnḏw n pꜣ mꜣ.f*
quelqu'un à la vue duquel le souffle entre dans les nez,
27) *sdḥ pꜣ tꜣ n Tmḥ m ꜥḥꜥw.f n ꜥnḫ*
qui a humilié la terre de Temehou (Libye) durant la période de sa vie,

1er niveau	2e niveau	3e niveau

		1er niveau	2e niveau	3e niveau
28)		*dỉ ḥryt n nḥḥ* (5) *m ỉb mšwš* qui a jeté une terreur éternelle dans les coeurs des Meschvesch (Libyens),		
29)	sḏm.f		*dỉ.f ḫty Rbw <r> dgs Kmt* obligeant les Libyens à cesser de fouler le sol de l'Égypte *(Kemet),*	
30)	p.n.1		*nrw ꜥꜣ m ḥꜣtyw.sn n Tꜣ-mrỉ* tandis qu'une grande terreur était dans leurs coeurs à cause de l'Égypte *(Ta-meri).*	
31)	ps.v.1		*nꜣy.sn šmw n-ḥr.w ḫꜣꜥw* Ainsi, ceux d'entre eux qui marchaient à leur tête furent abandonnés,	
32)	pendens sḏm.f nég.		*pḥw.w,* *bw ỉr rdwy.w smn wp-ḥr pd* quant à leurs arrière-gardes, leurs pieds ne tinrent pas ferme, mais ils s'enfuirent ;	
33)	sḏm.f		*ḫꜣꜥ nꜣy.sn styw nꜣy.sn pḏwt* leurs archers jetèrent leurs arcs,	
34)	ps.v.1		*ỉb n nꜣy.sn sḫsw ẖsy(w)* (6) *m mšꜥ* le coeur de leurs troupes légères s'affaiblit dans la marche ;	
35)	sḏm.f ps.v.1		*ntfw nꜣy.sn ẖnmwt* *ḥwy(w) r ỉwtn* leurs outres furent déliées et versées à terre	
36)	ps.v.1 ps.v.1		*nꜣy.sn gwnw ỉṯ(w)* *ḫꜣꜥ(w) r bnr* et leurs bagages furent saisis et jetés.	
37)	ps.v.1		*pꜣ wr ẖsy ḫr n Rbw wꜥr(w) m nfrw grḥ n wꜥ(t).f* Le vil prince, l'ennemi de Libye, s'enfuit seul à la faveur de la nuit,	
38)				*bn mḥt ḥr-tp.f* sans plume sur sa tête,
39)				*rdwy.fy dgꜣy(w)* et pieds nus ;
40)				*ỉ.ṯꜣ nꜣy.f* (7) *ḥmwt ḫft-ḥr.f* c'est devant ses propres yeux que ses femmes lui avaient été prises ;

1er niveau	2e niveau	3e niveau

41) *nḥm nꜣ ꜣḳw n pꜣy.f drpw*
la farine de son approvisionnement lui avait été emportée,

42) *bn n.f mw n šdt n sʿnḫ.f*
il n'avait plus d'eau dans sa gourde pour se tenir en vie ;

43) *ḥr n nꜣy.f snw ḥsꜣy(w) r smꜣ.f*
le visage de ses frères était hostile au point de (vouloir) le tuer ;

44) *wʿ ḥr ʿḥꜣ sn-nw.f m nꜣy.f ḥꜣwtyw*
parmi ses officiers l'un faisait guerre à l'autre,

45) *ḏꜣf nꜣy.w ỉhyw ỉrw m ssf(y)*
leurs campements avaient été brûlés et réduits en cendres ;

46) *ḫwt.f nb(t) m wnmt* (8) *n mnfy*
ses biens étaient la nourriture de l'armée (égyptienne).

47) sḏm.f *spr.f r ḫꜣst.f*
sḏm.f *ỉw.f m nḫwt*
Quand il arriva sur sa terre, il fut en deuil,

48) *sp nb m tꜣ.f šptw <ḥr> šsp.f*
tandis que tous ceux qui étaient restés sur sa terre enrageaient de le recevoir.

¶ Trois discours humains : Ceux de ses villes (49-56) ; les vieillards à leurs fils (59-72) ; ceux qui scrutent leurs étoiles (73-79)

49) p.n.2 (ell.) *wr ḫsf šꜣy bỉn mḥt*
"Un chef qu'un mauvais destin a privé de sa plume,

50) *ḫr!.w r.f r-ḏrw.w m nꜣyw dmỉ(w).f*
disaient de lui tous ceux de ses villes.

51) p.n.1 *sw m bꜣw n nṯrw nbw <nw> Mn-nfr*
Il est au pouvoir de tous les dieux seigneurs de Memphis ;

52) sḏm.f *ir* (9) *pꜣ nb n Kmt sḥwr rn.f*
le souverain de l'Égypte *(Kemet)* a rendu son nom maudit ;

53) p.n.1 *Mry m bwt n ʾInb-ḥḏ*
Mery est une abomination de 'Muraille Blanche' (Memphis),

54) apposition *wʿ sꜣ wʿ mhwt.f r ḏt*
ainsi que l'un et le fils de l'autre et sa tribu éternellement.

1er niveau	2e niveau	3e niveau

55) sḏm.f *ỉr Bꜣ-N-Rʿ - MRY-ʾIMN m-sꜣ ẖrdw.f*
BAENRÊ AIMÉ D'AMON a été fait pour poursuivre ses fils,

56) p.n.1 *dy.t(w) MR.N-PTḤ - ḤTP-ḤR-MꜣʿT n.f r šꜣy*
MERNEPTAH CONTENT DE LA MAʿAT lui a été placé comme destin. »

57) ps.v.1 *sw ḫpr(w) m ḥwt* (10) *sḏdt n Rbw*
Il est devenu un exemple de punition qu'on raconte en Libye ;

58) ps.v.2 *ḏꜣmw ḥr ḏd n ḏꜣmw m nꜣy.sn nḫtw*
des générations racontent ses victoires à des générations :

59) sḏm.f nég. *bw ỉr.f r.n ʿn ḏr pꜣ Rʿ*
"Il n'a jamais agi (ainsi) contre nous depuis (le temps de) Rê,

60) *ḫr.f m ỉꜣw nb ḥr ḏd n sꜣ.f*
dit chacun des vieillards quand il parle à son fils.

61) p.n.1 *bnd n Rbw*
sḏm.f *ḳn.sn ʿnḫ sḫr nfr n ḳdd m-ẖnw tꜣ sḫt*
Malheur à la Libye ! Ils ont fini de vivre dans la joyeuse façon de circuler dans la campagne,

62) sḏm.f *nḥm! tꜣy.sn ỉwt m wʿ* (11) *hrw*
leur (libre) cheminement a été aboli en un seul jour.

63) ps.v.1 *Ṯḥnw rḥw m rnpt wʿ(t)*
Les Tehenou ont été brûlés en une seule année ;

64) sḏm.f *ḫꜣʿ Swtḫ ḥꜣ.f r pꜣy.sn wr*
Seth a tourné le dos à leur prince ;

65) sḏm.f *ḫf nꜣy.sn wḥyw(t) ẖr st-r.f*
leurs villages ont été dévalisés sur son ordre.

66) p.n.4 *bn kꜣt n(t) fꜣt-ḫnỉ m nꜣy hrww*
Il n'y a plus le travail du transport des poids en ces jours-ci ;

67) p.n.3 *ꜣḫ kꜣp*
sḏm.f *ỉw.tw wḏꜣ m tꜣ bgrt*
mieux vaut se cacher en restant en sécurité dans la caverne.

68) ps.v.1 *pꜣ nb ʿꜣ n Kmt wsr(w)*
Le grand souverain de l'Égypte *(Kemet)* est fort ;

69) pendens (12) *nḫt(t)*
p.n.3 *n(y)-sy sw!*
la victoire, à lui elle appartient !

1er niveau	2e niveau	3e niveau

70)	p.n.2	*n-m ꜥḥꜣ ḫr rḫ wstn.f* Qui combattra sachant combien il est rapide ?	
71)	p.n.3	*ḫꜣỉnỉ ỉwty-ḥꜣty pꜣ nty ḥr šsp.f* Stupide et sans coeur celui qui le fait ;	
72)	sḏm.f nég.	*bw ḫm.f n.f dwꜣ pꜣ th tꜣš.f* il n'ignore pas son lendemain celui qui viole ses frontières. »	
73)	pendens	*ỉr Kmt*	
			ḫr.tw
	p.n.2 (ell.)	*ḏr nṯrw tꜣ šrỉt wꜥty(t) n pꜣ Rꜥ* "Quant à l'Égypte *(Kemet),* dit-on, depuis (le temps) des dieux c'est l'enfant unique de Rê	
74)	p.n.2	*sꜣ.f pꜣ nty* (13) *ḥr tꜣ ỉspt n pꜣ Šw* et c'est son fils celui qui siège sur le trône de Schou.	
75)	sḏm.f nég.	*bw ỉr ḥꜣty ḳd n th rmṯ.s* Jamais le coeur ne donna le succès à celui qui viole ses gens ;	
76)	p.n.1	*ỉrt n(t) nṯr nb m-sꜣ ꜥwn s(y)* l'oeil de chaque dieu poursuit quiconque la désire (l'Égypte) ;	
77)	p.n.2	*nts ỉn.s pḥwy n ḫftyw.s* c'est lui (l'oeil) qui procurera la fin de ses ennemis »,	
78)			*ḫr.w m nꜣ sꜣw n nꜣy.sn sbꜣw* disent ceux qui scrutent leurs étoiles
79)			*rḫyw r.sn nbw m nw r ṯꜣw* et ceux qui connaissent toutes leurs formules en observant les vents.
80)	ps.v.1	(14) *bỉꜣyt ꜥꜣt ḫpr.tỉ n Tꜣ-mrỉ* Un grand prodige est advenu pour l'Égypte *(Ta-meri) :*	
81)	sḏm.f	*dd pḥ sw ḏrt.s m sḳr-ꜥnḫ*	
82)		*m n(ꜣ) sḥw n(w) nsw nṯry, mꜣꜥty? r ḫftyw.f m-bꜣḥ pꜣ Rꜥ* c'est grâce aux plans du roi divin, justifié contre ses ennemis au-devant de Rê, que sa main place celui qui l'assaille en prisonnier vivant !	
83)	pendens	*Mry pꜣ ỉr ḏw sdḫw n nṯr nb nty m ꜣInbw* Mery, celui qui a fait mal et dévastation à chaque dieu qui est en 'Murailles' (Memphis),	
84)	ps.v.1	*sw wpy* (15) *ḥnꜥ.f m ꜣIwnw* il a été jugé avec lui (Merneptah) à Héliopolis	

1er niveau	2e niveau	3e niveau

	1er niveau	2e niveau	3e niveau
85)	sḏm.f	*ỉr sw tꜣ Psḏt m ꜥḏꜣ ḥr btꜣw.f* et l'Ennéade l'a déclaré coupable de ses délits.	

¶ Trois discours divins : le Souverain universel (86-94) ; les Souverains d'Héliopolis (95-105) ; Ptah (106-122)

	1er niveau	2e niveau	3e niveau
86)	sḏm.f	*ḏd Nb-r-ḏr* Le Maître universel a dit :	
87)	impératif	*ỉmỉ pꜣ ḫpš n sꜣ.ỉ ꜥḳꜣ!-ḥꜣty nꜥ sfny Bꜣ-N-Rꜥ - MRY-ʾIMN* “Donnez le cimeterre à mon fils, le droit de coeur, le clément et doux BAENRÊ AIMÉ D'AMON,	
88)	apposition	*pꜣ nhp ḥr Ḥwt-kꜣ-Ptḥ* celui qui prend soin de Hout-ka-Ptah (Memphis),	
89)	apposition	*wšb* (16) *ʾIwnw, wn dmỉw wnw ḫtm(w)* qui protège Héliopolis, qui ouvre les villes qui étaient fermées,	
90)			*wḥꜥ.f ḳnw ḏdḥw m spꜣt nbt* afin qu'il délivre les nombreux qui étaient emprisonnés en tout district,
91)			*dỉ.f ḥtpw n nꜣ rw-prw* présente des offrandes aux temples,
92)			*dỉ.f sꜥḳ.tw snṯr m-bꜣḥ nṯr* fasse en sorte que l'encens soit porté devant le dieu,
93)			*dỉ.f ḫꜣmy wrw ḫwt.w* permette que les princes regagnent leurs domaines,
94)			*dỉ.f ḳrỉ nmḥw! nꜣy.sn nỉwwt* permette que les citadins aillent dans leurs villes. »
95)	sḏm.f	*ỉn.sn m Nbw ʾIwnw* (17) *r sꜣ.w MR.N-PTḤ - ḤTP-ḤR-Mꜣꜥ T* Les Souverains d'Héliopolis dirent de leur fils MERNEPTAH CONTENT DE LA MAꜥAT :	
96)	impératif	*ỉmỉ n.f ꜥḥꜥw mỉ Rꜥ* “Donnez-lui une vie comme (celle de) Rê	
97)			*wšb.f pꜣ nty ỉꜣd(w)! m-dỉ ḫꜣst nbt* afin qu'il protège tous ceux qui sont affligés par la main de toute nation étrangère.

1er niveau	2e niveau	3e niveau

98)	sḏm.f	*swḏ n.f Kmt r pš n dnỉ(t)*
		L'Égypte *(Kemet)* lui a été assignée comme part d'hérédité ;
99)	p.n.1	*sw n.f r nḥḥ*
		elle lui appartient pour l'éternité
		nḫ.f rmṯ.s
		pour qu'il protège sa population.
100)	*(mk)* sḏm.f	*mk ḥms.tw m rk pꜣ tnr*
		Voici, on est assis (sans souci) au temps du fort ;
101)	sḏm.f	*ḫpr ṯꜣw* (18) *n ʿnḫ ḥr-ʿwy*
		le souffle de vie vient tout de suite ;
102)	ps.v.1	*ḳn sḫd(w) ḫwt n mꜣʿty?*
		le valeureux fait affluer les biens pour le juste ;
103)	p.n.4	*bn grgy ḫꜣmy nꜣy.f ʿwn-ỉbw!*
		il n'est trompeur qui puisse conserver le butin de sa rapacité ;
104)	pendens	*pꜣ n<t>y ḥr nwyt dnỉw n ỉsft*
		celui qui se procure des portions d'injustice,
105)	p.n.1	*pḥt n ktḫ? n(-is)? n ẖrdw(.f)*
		la proie est pour d'autres, non pas pour (ses) fils ».
106)	sḏm.f	*ḏd.tw nn!*
		On a dit ceci :
107)	pendens	*Mry* (19) *pꜣ ḫmw? ḫsy*
		"Mery, le vil ignorant,
108)	apposition	*ḫrw n Rbw yy r th(t) ʾInbw Tꜣ-ṯnn*
		l'ennemi de Libye qui était venu pour violer 'Murailles' de Tatenen,
109)	*(nty)* p.n.1	*nty nb.s wbn sꜣ.f r st.f*
		le fils du souverain de laquelle s'est levé à sa place,
110)	apposition	*nsw-bỉt Bꜣ-N-Rʿ - MRY-ʾIMN*
		le roi de la Haute et Basse-Égypte BAENRÊ AIMÉ D'AMON,
111)	apposition	*sꜣ-Rʿ MR.N-PTḤ - ḤTP-ḤR-MꜣʿT*
		le fils de Rê MERNEPTAH CONTENT DE LA MAʿAT —
112)	sḏm.f	*ḏd Ptḥ r ḫrw n Rbw*
		a donc dit Ptah à propos de l'ennemi de Libye :
113)	sḏm.f	*sḥwy btꜣw.f* (20) *nb(w)*
	sḏm(.f)	*wḏbw ḥr-tp.f*
		Que soient rassemblés tous ses crimes et qu'ils retombent sur sa tête !

1er niveau	2e niveau	3e niveau

114)	impératif	*imi sw m ḏrt MR.N-PTḤ - ḤTP-ḤR-MꜢʿT* Placez-le dans la main de MERNEPTAH CONTENT DE LA MAʿAT	
115)			*bš.f ʿm.<n.>f? mi dpy* pour qu'il lui fasse vomir ce qu'il a avalé comme un crocodile.
116)	*(mk)* p.n.3	*mk ꜣ ḫꜣḫ inn ḫꜣḫ* Voici, certainement le rapide rejoint le rapide	
117)			*wn nb r sḫt.f* que le Souverain est là pour prendre au filet,
118)			*rḫ pḥty.f* (lui) dont la force est connue.
119)	p.n.2	*m ʾImn wʿf sw m ḏrt.f* C'est Amon qui le courbe de sa main ;	
120)	sḏm.f	*wḏy.f n kꜣ.f* (21) *m ʾInw šmʿw* il est assigné à son *ka* en Héliopolis du sud (Thèbes),	
121)	apposition	*nsw-bit Bꜣ-N-Rʿ - MRY-ʾIMN* le roi de la Haute et Basse-Égypte BAENRÊ AIMÉ D'AMON,	
122)	apposition	*sꜣ-Rʿ MR.N-PTḤ - ḤTP-ḤR-MꜢʿT* le fils de Rê MERNEPTAH CONTENT DE LA MAʿAT ».	

(b') Une grande joie est survenue sur l'Égypte

123)	ps.v.1	*ršwt ʿꜣt ḫpr.ti! ḥr Kmt* Une grande joie est survenue sur l'Égypte *(Kemet),*	
124)	ps.v.1	*nhm pry m dmiw n Tꜣ-mri* des cris de jubilation sont montés des villes de l'Égypte *(Tameri) ;*	
125)	ps.v.2	*st ḥr sḏdt m nꜣ nḫtw ir MR.N-PTḤ - ḤTP-ḤR-MꜢʿT m Tḥnw* elles racontent les victoires accomplies par MERNEPTAH CONTENT DE LA MAʿAT sur les Tehenou.	
126)	p.n.3	*mr* (22) *.wy sw, ḥkꜣ nḫt* Qu'il est aimé lui, le fort monarque !	
127)	p.n.3	*sʿꜣ.wy nsw m-di nṯrw* Qu'il est magnifié le roi de la part des dieux !	
128)	p.n.3	*sbk.wy s(w) nb sḥn* Qu'il est splendide lui, le souverain du commandement !	

1er niveau	2e niveau	3e niveau

129)	p.n.3	*ỉḥ nḏm ḥms(t)*
		Oh ! il est doux d'être assis
	sḏm.f	*ỉw.tw m ꜣꜥꜥ*
		lorsqu'on parle une langue étrangère ;
130)	sḏm.f	*ỉ.šm.tw m wstn ḥr wꜣt*
	(ỉw) p.n.1	*ỉw bn s<n>ḏt nbt m ỉb n rmṯ*
	nég.	c'est lorsqu'il n'y a pas de peur dans le coeur des gens qu'on marche librement sur la route.
131)	ps.v.1	(23) *mnw ḫꜣꜥ(w) n-ꜥ.sn*
		Les forteresses sont laissées à elles-mêmes,
132)	ps.v.1	*ḫnmwt wn(w) prꜥw n ỉpwtyw*
		les sources sont ouvertes toutes grandes? pour les messagers,
133)	ps.v.1	*ṯsmw sbty(w) ḳb(w)*
		les bastions des murs sont tranquilles :
134)	p.n.2	*m šw r nhs(t) nꜣy.w rsw*
		c'est le soleil qui va réveiller leurs sentinelles ;
135)	ps.v.1	*Mḏꜣw sḏr(w) n ḳdw*
		les Medjai sont couchés dans le sommeil,
136)	p.n.1	*Nꜣw* (24) *Ṯktnw m šꜣw*
	forme	*ꜣbb.sn*
	relative	les Naou et les Tekten sont dans la steppe qu'ils aiment.
137)	ps.v.1	*ỉꜣwt n(t) sḫt ḫꜣꜥ(w) m wḏyw*
		Le bétail de la campagne est laissé en état de troupeau en liberté,
138)	ps.v.2 nég.	*bn mnỉw ḥr ḏꜣ(t) mḥw ỉtrw*
		il n'y a pas de berger qui traverse l'inondation du Nil ;
139)	p.n.4	*bn sgb n ꜥš m grḥ*
		il n'y a pas de cri d'appel pendant la nuit :
140)	impératif,	*wꜣḥ*
	(mk)	*mk ỉw sp-sn m! r kꜣwyw*
	sḏm(.f)	"Halte ! Voilà que vient quelqu'un, vient quelqu'un avec une langue des autres ! »
141)	sḏm.f	*ỉ.šm.tw*
	sḏm.f	*ỉw* (25) *.tw m ḥsw(t)*
		(Au contraire) c'est en chantant qu'on va et qu'on vient.

1er niveau	2e niveau	3e niveau

142)	p.n.4	*bn ḳsnt rmṯ*
	(ỉw) ps.v.2	*ỉw.tw (ḥr) ỉhm*
		Il n'y a pas de disgrâce des gens, quand on est en deuil.
143)	ps.v.1	*dmỉw grg(w) ʿn m wḥm*
		Les villes sont réfondées à nouveau ;
144)	pendens	*pȝ skȝ šmw.f*
	(ỉw) ps.v.2	*ỉw.f r wnm.f*
		celui qui travaille pour sa récolte en mangera.
145)	sḏm.f	*pnʿ sw Rʿ n Kmt*
		Rê s'est tourné vers l'Égypte *(Kemet) ;*
146)	pendens	*sw*
	sḏm(.f)	*ms.tw? m-šȝw n* (26) *nḏty.s*
		quant à lui, (il) a été engendré dans la dignité de son défenseur,
147)	apposition	*nsw-bỉt Bȝ-N-Rʿ - MRY-ʾIMN*
		le roi de la Haute et Basse Égypte BAENRÊ AIMÉ D'AMON,
148)	apposition	*sȝ-Rʿ MR.N-PTḤ - ḤTP-ḤR-MȝʿT*
		le fils de Rê MERNEPTAH CONTENT DE LA MAʿAT.

(a') Pacification internationale

149)	ps.v.1	*wrw pḫd(w) ḥr ḏd*
	impératif	*šrm*
		Les princes qui ont été abattus disent : « Accorde la paix ! »
150)	ps.v.2 nég.	*bn wʿ ḥr fȝ(t) tp.f m tȝ Pḏt 9*
		Il n'y a personne qui relève sa tête parmi les Neuf Arcs ;
151)	p.n.1	*ḫf n Tḥnw*
		la dévastation est pour Tehenou ;
152)	ps.v.1	*Ḫtȝ ḥtp(w)*
		Hatti est pacifié ;
153)	sḏm.f	*ḥȝḳ pȝ Knʿn m bỉn nb*
		Pa-Canaan (Gaza) a été dépouillée avec tout mal ;
154)	sḏm.f	(27) *ỉnw ʾIsḳrn*
		Ascalon a été conquise ;
155)	sḏm(.f)	*mḥw m Ḳḏr*
		on a capturé Gezer ;

1er niveau	2e niveau	3e niveau

156)	ps.v.1	*Ynʿm ỉrw*! *m tm wn*
		Yenoam a été rendue comme ce qui n'existe pas ;
157)	ps.v.1	*Ysrꜣr fk(w)*
	p.n.4	*bn prt.f*
		Israël a été désolé, il n'a plus de descendance ;
158)	ps.v.1	*Ḫrw ḫprw m ḫꜣrt n* (28) *Tꜣ-mrỉ*
		Kharou est devenue une veuve à cause de l'Égypte *(Ta-meri)*.
159)	pendens	*tꜣw nbw dmḏ(w)*
	p.n.1	*st m ḥtpw*
		Les terres toutes ensemble, elles sont en paix ;
160)	pendens	*pꜣ nty nb m šmꜣ,*
	(ỉw) ps.v.2	*ỉw.tw ḥr wʿf.f*
		quiconque s'en allait errant, il a été courbé
161)	agent	*ỉn nsw-bỉt Bꜣ-N-Rʿ - MRY-'IMN*
		par le roi de la Haute et Basse-Égypte BAENRÊ AIMÉ D'AMON,
162)	apposition	*sꜣ-Rʿ MR.N-PTḤ - ḤTP-ḤR-Mꜣʿ T dỉ ʿnḫ mỉ Rʿ rʿ nb*
		le fils de Rê MERNEPTAH CONTENT DE LA MAʿAT, doué de vie comme Rê chaque jour.

4. Composition

1-12 Raconter ses victoires (a) — (a') 149-162 Pacification internationale
13-24 Une tempête dissipée (b) — (b') 123-148 Une grande joie est survenue sur l'Égypte

(C) 25-48 Défaite des Libyens

Trois discours humains	Trois discours divins
ceux de ses villes 49-56	86-94 le Souverain universel
les vieillards à leurs fils 57-72	95-105 les Souverains d'Héliopolis
Dit-on ... - 73-79	106-122 On a dit ...
disent ceux qui scrutent leurs étoiles	a dit Ptah

80-85 Un grand prodige est advenu pour l'Égypte

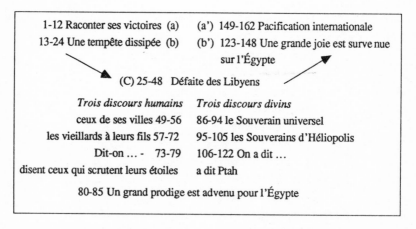

Une composition littéraire, loin de forcer le texte, devrait être une aide pour le lire comme une oeuvre littéraire et apprécier sa stratégie de communication. La composition que j'ai proposée se base principalement sur le critère que la titulature du pharaon conclut une section (voir § 1). Il en résulte un bref cadre (ab // a'b') dans lequel est placée la partie centrale et la plus longue, qui constitue l'exposé principal de la stèle (C). On découvre un mouvement du général au particulier : de « raconter ses victoires dans toutes les terres » (a) et d'un tableau de pacification universelle (a'), à la victoire sur les Libyens et leurs alliés (C). La conséquence directe de cette victoire est, d'une part, que la grave tempête qui pesait sur l'Égypte a été dissipée (b) et, d'autre part, qu'une grande joie est survenue sur la région (b').

La partie centrale (C) comprend, en parallélisme, trois discours humains (des sujets du prince Mery ; des vieillards libyens à leurs fils ; des astrologues) et trois discours divins (du Souverain universel ; des dieux d'Héliopolis ; de Ptah). Le deuxième et le troisième discours humains, ainsi que le troisième discours divin, sont divisés en deux parties et sont introduits deux fois par un verbe de dire.

D'un côté, la partie (C) est liée à (b), parce que la défaite des Libyens est la tempête dissipée ; d'un autre côté, elle est liée à (b'), comme le montre la similitude des phrases initiales : « un grand prodige est advenu pour l'Égypte » (80) et « une grande joie est survenue sur l'Égypte » (123).

5. Commentaire

1) « La cinquième année de règne, le troisième mois de l'été, le troisième jour » est la date de la bataille de Merneptah contre les Libyens et leurs coalisés, comme le confirment l'inscription de Karnak (*KRI* IV,5,16), la stèle d'Athribis (*KRI* IV,20,8) et l'inscription sur la campagne nubienne (*KRI* IV,34,5-7)[16]. La bataille même dura six heures (*KRI* IV,6,3-4). L'armée égyptienne était prête à engager le combat le matin du premier jour du mois, mais le chef des Libyens vint deux jours plus tard (*KRI* IV,5,15-16). D'autre part, l'annonce officielle de l'invasion libyenne eut lieu le mois précédent, comme il ressort de la colonne d'Héliopolis : « l'année cinquième, le deuxième mois de l'été » (*KRI* IV,38,3). Le jour n'est pas indiqué dans cette date, mais on peut en supposer un dans la première moitié du deuxième mois, si le délai de quatorze jours qu'on lit dans l'inscription de Karnak (*KRI*

[16] La date « l'année quatrième... » est une faute de lecture du texte du temple d'Amada, comme le confirme la copie d'Amarah West (*KRI* IV,34,6 ; Helck, *BiOr* 27, 1970, 350). Par conséquent, il y eut une seule campagne libyenne de Merneptah (Kitchen 1990, 15-27, p. 19) et non pas deux, comme on lit en Osing. Sur cette campagne nubienne, qui eut lieu deux mois après la campagne libyenne, voir *infra*, § 8.

IV,5,10) se réfère, comme il semble, à l'enrôlement des troupes[17] de la part de Merneptah[18].

L'extension de l'occupation libyenne et la scène du combat sont difficiles à déterminer exactement à cause des lacunes dans le texte de l'inscription de Karnak et de la stèle d'Athribis et aussi à cause des problèmes de localisation des lieux mentionnés. L'occupation libyenne s'étendait jusqu'au Delta oriental, si j'interprète correctement le texte suivant : « [... C'est] jusqu'en face de Per-Berset (Bilbeis ; cf. Eggebrecht) [qu'ils avaient planté leurs] tentes *(ỉhrw) ;* c'est sur le canal de Ity qu'ils avaient établi des lieux de breuvage *(šknw)* » (*KRI* IV,3,5-6)[19]. Cette information s'accorde avec les phrases de la Stèle d'Israël où on loue Merneptah « qui a donné satisfaction à Hout-ka-Ptah (Memphis) sur ses ennemis ... qui a ouvert les portes de 'Murailles' (Memphis) qui étaient barrées » (19 ; 21). On peut ajouter que, d'après l'inscription du temple d'Amada, quelques ennemis furent empalés à l'est de Memphis (*KRI* IV,34,13).

Le rapport militaire[20] qui déchaîne la réaction de Merneptah annonce qu'une coalition de Libyens et de Peuples de la Mer avait atteint « la frontière occidentale dans la campagne de Per-ir » (*KRI* IV,4,3-4)[21] ; en effet, l'armée égyptienne se déploya dans cette région et là eut lieu la bataille (*KRI* IV,5,13-6,4)[22].

---

[17] Décrit, semble-t-il, dans *KRI* IV,3,12.

[18] Le texte est malheureusement lacuneux. On peut supposer : « [... Sa Majesté ordonna qu'ils préparent ?] la bataille pour entrer dans la mêlée le jour 14 » (*KRI* IV,5,10 ; voir *ARE* III, 243, n. a). De sa part, Krauss, 72 et 75, n. 16, pense que le retard de presque cinq semaines témoignerait que les Égyptiens n'étaient pas préparés. Entre-temps, Merneptah reçut l'assurance de la victoire de la part du dieu Ptah (*KRI* IV,5,10-13 ; voir *infra,* commentaire de 87).

[19] Les mots pour « tente » et pour « lieu de breuvage » (pour les animaux ?) sont tous les deux sémitiques (Helck 1971, 508, n° 11 ; 521, n° 228). La forme emphatique *ỉ.ỉr.w* montre que le complément prépositionnel *ḥr šd n ỉty* est le prédicat. Je suppose la même construction dans la phrase précédente, qui est lacuneuse.

[20] Dans la lacune de la ligne 13 de l'inscription de Karnak (*KRI* IV,3,15) Helck a proposé, avec vraisemblance, la restitution suivante : « Da kam man, um S.M. zu melden im Jahr 5. 3. šmw.. » (*BiOr* 27, 350).

[21] R. Krauss semble avoir mal interprété le texte lorsqu'il écrit : « Nach der Karnakinschrift, Kitchen, Ram. Inscr. IV, 4, 3f., lag *Pr-jrr* an der Westgrenze ; nach der Amadastele, Kitchen, a.a.O. IV, 1, 11, fielen die Libyer dagegen an der 'Südseite' ein » (Krauss, 75, n. 20). En effet le texte de Amada, dans le passage cité, parle des Nubiens, et non pas des Libyens, et, partant, il ne contredit pas l'information de l'inscription de Karnak.

[22] Dans cette région il y avait des châteaux-forteresses au nom de Merneptah (*KRI* IV,8,3-4 ; 22,2-3), apparemment les mêmes que Ramsès III appellera d'après son nom (*KRI* V,43,9-10 ; Edgerton - Wilson, 61, pl. 70 :1b).

5) Deux participes passifs (ainsi Lichtheim ; non pas actifs comme le veulent Fecht, Hornung et Kaplony-Heckel), l'agent étant exprimé au génitif direct (Gardiner 1966, § 379,2) : « magnifié par le pouvoir, élevé par la force de Horus ». On constate ici un phénomène poétique dit explicitation retardée. Le terme général « pouvoir » (on ne dit pas de qui) est expliqué par la phrase suivante : « la force de Horus ».

6) « Neuf Arcs » est une désignation traditionnelle et générale des peuples voisins de l'Égypte, sujets, théoriquement au moins, du pharaon en tant que seigneur universel (150 ; cf. Säve-Söderbergh).

7) Le sens de cette phrase est commun (*Wb.* II,426,12-14), et pourtant je ne connais pas de parallèles exacts. La phrase *rdỉ nḥḥ* « donner l'éternité », on la trouve référée au roi (*Wb.* II,300,14).

8-10) Les trois infinitifs sont parallèles, ayant la même valeur syntactique[23]. Ils signalent en effet le premier niveau et la teneur générale du texte (voir § 1) ; de plus, l'un clarifie l'autre. On traduira : « Raconter ses victoires *dans* toutes les terres », et non pas « *sur* toutes les terres », comme le suggèrent les deux phrases suivantes : « faire en sorte qu'ensemble *chaque terre* connaisse »[24] ; « faire voir[25] la beauté *dans* ses exploits ». La dernière expression est plutôt singulière : *nfr m nꜣy.f ḳnw*. On peut la traduire soit : « la beauté (du pharaon) *consistant en* (*m* de prédication) ses exploits », soit : « la beauté *de* (*m* au lieu de *n)*[26] ses exploits ». Ainsi le deuxième infinitif précise-t-il le sujet (toutes les terres), tandis que le troisième amplifie l'objet du premier. L'inscription vise donc à propager les victoires du pharaon dans toute la terre, à faire en sorte que chaque nation voie sa beauté.

13) La série des épithètes du pharaon et/ ou participes et formes relatives « hymniques » continue, mais elle devient ici plus spécifique. En effet elle annonce, en termes symboliques, la libération de l'Égypte, qui va être décrite en détail dans la section suivante.

14) *Bꜣwy n ḳn* « arène de la prouesse » (*Wb.* I,415,3 ; Lesko I,146). La graphie *hnd.f* est naturellement à la place de *hd.f* « son attaque ». La proposition pseudoverbale *hnd*! *.f ḫpr(w)* ('ps.v.1') est circonstancielle par rapport à l'épithète qui précède (comparer 18 et 21). Toutefois je ne place pas cette proposition dans le deuxième niveau parce qu'elle est strictement liée à

---

[23] Les autres interprètes ne sont pas du même avis, mais rien n'indique clairement dans le texte que le deuxième et le troisième infinitif dépendent du premier. D'ailleurs notre stèle se caractérise par le parallélisme et une allure répétitive. On trouve une triple répétition en 126-128.

[24] En raison de l'espace, puisque le signe *dỉ* (Gardiner 1966, Sign-list X 8) est plus étroit au sommet qu'à la base, le signe ˁ (Sign-list D 36) du verbe *ˁm* « connaître » est gravé avant le *t* (Sign-list X 1) de *rdỉt*.

[25] *Mꜣꜣ* « voir » est écrit avec le seul déterminatif de l'oeil (Gardiner 1966, Sign-list D 6).

[26] D'autres cas de confusion des prépositions *m*/ *n* sont 26, 57 et 135.

l'épithète précédent et que la série des épithètes continue. Le sḏm.f des vers 18 et 29, dont se développe le récit, remplit une fonction semblable.

15-17) Faut-il traduire les participes au présent ou au passé ? On a déjà indiqué que cette section du texte (13-24), bien qu'on n'y lise pas de noms, fait allusion à la fin de l'occupation libyenne de la Basse-Égypte. Pour cette raison, je traduis au passé à partir de ce vers, où commence l'allusion directe aux faits avec les métaphores des nuages dissipés par le soleil et de la montagne d'airain enlevée du cou du peuple[27]. De même, dans la suite je traduis au passé les participes qui se réfèrent à la Libye, tandis que tout ce qui représente une glorification atemporelle du pharaon, je le traduis au présent.

En 16 comparer la louange suivante dans l'inscription de Karnak : « celui qui donne le soleil à Ta-meri » (*KRI* IV,12,3).

18) Sḏm.f circonstanciel par rapport aux participes précédents. On trouve ici le verbe *nty* « être en détresse, être étouffé » (*Wb.* II,351,6 ; Gardiner, *JEA* 42,15). Je place cette proposition circonstancielle dans le deuxième niveau, parce qu'elle est plus indépendante de l'épithète qu'elle qualifie qu'elle ne l'est dans le cas de 14. Mais on pourrait aussi décider différemment du fait que la série des louanges continue.

19-22) Quatre expressions indiquant restauration contiennent une série de verbes semblables : « laver le visage (de quelqu'un, c.-à-d. lui donner satisfaction) sur ses ennemis »[28] ; « permettre (à quelqu'un) de se réjouir de ses adversaires » ; « ouvrir les portes qui étaient barrées » ; « rendre possibles les offrandes ». Elles contiennent aussi une série de noms correspondants : Hout-ka-Ptah, nom religieux de Memphis ; Tatenen, le dieu de Memphis ; 'Murailles' (*ꜣInbw = ꜣInb ḥḏ* « Muraille blanche »), encore un nom de Memphis et de sa province (*Wb.* I,95,8) ; les temples locaux.

25-26) En parallélisme avec un adjectif et un participe en 25, on trouve en 26 une forme relative[29] : *ꜥḳ ṯꜣw r fnḏw n pꜣ mꜣ.f* « celui-qui-entre le souffle dans les nez à le voir », le pronom de reprise étant le suffixe de l'infinitif *n pꜣ mꜣ.f*[30] (avec *n* au lieu de *m) ;* et donc : « à la vue duquel le souffle entre dans les nez ».

27) Après deux vers de sens général, que j'ai traduits au présent, je traduis au passé les références à la Libye, comme je l'ai expliqué ci-dessus (15-17).

---

[27] Grapow repr. 1983, 52-53.

[28] Une concordance *ad sensum* : « leurs ennemis », référé à la ville.

[29] Non pas un sḏm.f comme le veulent d'autres interprètes. Bien, Kaplony-Heckel : « bei dessem Anblick (wieder) Luft in die Nase kommt ».

[30] Infinitif avec article : Erman 1933, §§ 409-413.

On trouve dans notre stèle différentes désignations de la Libye et des tribus libyennes : la terre de Temehou (27), Meschvesch (28), Tehenou (63 ; 125 ; 151) ; Rebou (Libyens, Libye : 29 ; 37 ; 57 ; 61 ; 108 ; 112)[31].

29) Le verbe *ḫtỉ* se construit normalement avec la préposition *r* et l'infinitif (« se retirer de, cesser de faire » quelque chose), mais parfois les prépositions sont omises dans notre stèle, comme en néo-égyptien en général.

30) Comparer l'inscription de Karnak, dite du chef de la révolte Mery : *nrw ʿꜣ pẖrw m ḥʿw.f* « parce qu'une grande terreur parcourait ses membres » (*KRI* IV,6,7).

31-32) À partir du vers 31, ce qui était le deuxième niveau devient le niveau principal de la communication, parce qu'on passe au récit détaillé des faits. La façon même où ce passage se produit montre que le récit est en fonction de la louange du pharaon[32].

Certains traduisent à l'actif : leurs avant-gardes les abandonnèrent (cf. Fecht, Hornung). Mais la graphie du verbe suggère de l'analyser comme un ancien perfectif *ḫꜣʿw*, non comme un infinitif *(ḥr) ḫꜣʿ ;* le sens est donc passif (« furent abandonnés »), comme en 36, 131 et 137. D'autre part, vu qu'on décrit ici la déroute des hordes libyennes (29), il serait difficile d'interpréter dans ce sens-là[33]. J'entends, alors, littéralement : « ceux d'entre eux qui marchaient à leur tête furent abandonnés ; quant à leurs arrière-gardes (casus pendens), leurs pieds ne firent pas le rester ferme mais le fuir ».

33) Le verbe *ḫꜣʿ* ayant des armes comme objet signifie « lancer », c.-à-d. les employer (*Wb*. III,227,11), mais le sens est ici clairement le contraire.

34) *Sḫsw* « coureurs », probablement « troupes légères » (*Wb*. III,473,10).

35-36) Deux phrases ayant une structure grammaticale semblable, avec un sujet et deux prédicats. Le sḏm.f (passif) *ntfw nꜣy.sn ẖnmwt* de 35 équivaut, quant à la fonction, à la construction pseudoverbale *nꜣy.sn gwnw ỉṯ(w)* de 36. Ils sont tous les deux des formes « dramatiques » avec la fonction de raconter les faits comme s'ils se passaient sous les yeux du lecteur. Avec une fonction différente, c.-à-d. communiquer une information générale ou énoncer une vérité toujours valable, ces constructions-là pourraient être précédées par *ỉw* (voir § 2).

---

31 Gardiner 1947, I, 114*-123*. Voir aussi Osing.

32 Comme le voit bien Lichtheim : « Here begins the narrative poem ».

33 La traduction de Lichtheim qui prend *pḥw.w* comme un adverbe, ne satisfait pas non plus : « Their leading troops were left behind » ; ni celle de Lalouette : « Les troupes avancées abandonnent les confins (du pays) » ; ni celle de Kaplony-Heckel : « Ihre Fusstruppen von der Vorhut sind als Nachhut zurückgelassen worden ». À noter que le terme *pḥw.w* est muni du pronom suffixe de la troisième personne du néo-égyptien.

Le verbe *nṯf* équivaut à *nfṯ* (métathèse)[34], tandis que *ḥwỉ* a le déterminatif d'un homme debout, dans l'attitude de quelqu'un qui répand ou sème (semblable en Lefebvre, Liste des signes A 60), pas donné en *Wb.* III,48.

37) Pour l'expression *m nfrw grḥ* « à la faveur de la nuit », voir *Wb.* II,260,17 ; Meeks II,2096. La fuite de Mery est mentionnée plusieurs fois dans l'inscription de Karnak : « Or donc, c'est pour s'enfuir vers son pays que le vil prince de Libye se hâta » (*KRI* IV,6,11-12)[35] ; « (Le responsable des forteresses de frontière envoie le message suivant) L'ennemi Mery est venu en fuite (...) il est passé par ici ('par moi') à la faveur de la nuit *(m nfrw grḥ)* » (*KRI* IV,7,4) ; « (Le pharaon dit) Leur prince, l'ennemi, il s'est enfui devant moi » (*KRI* IV,10,5).

38-39) Deux constructions du troisième niveau (en sigle 'p.n.1 nég.' et 'ps.v.1') en fonction circonstancielle par rapport au deuxième niveau devenu désormais la ligne principale de la communication. S'enfuir sans la plume sur la tête, qui était la coiffure caractéristique des Libyens, est le comble de la honte pour un chef (49), en plus de la honte de s'enfuir furtivement dans la nuit (37). Comparer, dans la stèle de Piankhy, la situation similaire du chef des Ma (Meschvesch) Tefnakht, qui se rend à Memphis pendant la nuit et ensuite s'enfuit sur le dos de son cheval « parce qu'il n'avait pas de confiance en son char » (87 ; 89)[36].

Le verbe *dgꜣy* est une graphie de *dḳ* « être les pieds nus » (*Wb.* V,495,6 ; Lesko IV,144). L'inscription de Karnak donne plus de détails : « [... il laissa ? ses] sandales, son arc et son carquois en fuyant derrière lui, [et tout ce qu'il avait] avec lui à cause du tremblement de ses membres, pour la grande terreur qui pénétra ses membres » (*KRI* IV,6,6-7).

40-46) Ces vers décrivent, comme 38-39, la situation antérieure à la fuite du chef libyen. En sigle, les constructions sont les suivantes : 'sḏm.f emphatique' (40), sḏm.f (41), 'ps.v.4' (42), 'ps.v.1' (43), 'ps.v.2' (44), 'sḏm.f' (45), 'p.n.1' (46). Le sḏm.f emphatique se comprend du fait que le troisième niveau des formes circonstancielles, étant assez long (38-46), laisse, pour ainsi dire, le temps de souligner un détail infamant : « c'est devant ses propres yeux que ses femmes lui ont été prises » !

---

[34] Gardiner 1916a, 105-106 (B 274).

[35] La construction emphatique *wnn pꜣ wr ẖsy n Rbw m sḫs* a la fonction de souligner la circonstance *r wʿr r tꜣ.f.* On peut noter un fort contraste avec ce qui précède, où apparaît encore une fois la même construction : « C'est tandis que le vil prince de Libye restait inerte *(ʿḥʿ)*, parce que son coeur couard avait peur, que (les soldats de Sa Majesté) combattaient » (*KRI* IV,6,4-5).

[36] La stèle de Piankhy (or Piye) a été publiée par Schäfer et dernièrement par Grimal. Voir Niccacci 1982b.

On décrit ici la défaite libyenne en ce qui se réfère au chef Mery avec une série de flashes d'informations : l'armée égyptienne lui a pris ses femmes (40) et lui a pillé son ravitaillement, au point qu'il n'a plus d'eau pour vivre (41-42 ; 46) ; la débâcle a déchaîné la concurrence de ses frères qui essaient de se débarrasser de lui pour prendre ensuite sa place (43) ; en même temps, la rivalité est montée parmi ses officiers, qui commencent une lutte de suprématie, au moment où ils ont tout perdu (44-45).

L'inscription de Karnak précise que Mery avait apporté avec lui « sa femme et ses enfants » (*KRI* IV,4,2-3) ; mais elle mentionne plus bas, au pluriel, « les femmes du prince, l'ennemi de Libye, qu'il avait apportées avec lui » (*KRI* IV,9,2), comme on lit dans la stèle d'Athribis (*KRI* IV,22,11).

L'hostilité des frères de Mery et de l'armée est mentionnée dans l'inscription de Karnak : « Si (Mery) vit, il ne sera plus le chef parce qu'il est un ennemi et un rebelle pour son armée. (Ils disent) C'est toi qui nous a emmenés pour faire tuer [nous tous ? ...] (...) C'est parmi ses frères qu'ils ont mis un autre à sa place, lequel lui fait la guerre quand il le voit » (*KRI* IV,7,7-10). Des fils et des frères de Mery sont parmi les prisonniers selon la stèle d'Athribis (*KRI* IV,22,5).

Sur les campements des Libyens (45) comparer, dans l'inscription de Karnak : « On a mis le feu à leur campement et à leurs tentes » (*KRI* IV,9-10) ; et dans la stèle d'Athribis : « et leurs campements furent réduits en monticules du désert » (*KRI* IV,20,14).

47-49) Le fait d'analyser les vers 38-46 comme circonstanciels permet de percevoir la liaison logique entre les deux phrases principales : « Le vil prince, l'ennemi de Libye, s'enfuit seul... Quand il arriva sur sa terre » (37 ; 47).

Le vers 47 est une proposition double (proposition temporelle du point de vue sémantique) avec sḏm.f dans la protase aussi bien que dans l'apodose (*ỉw.f*). Comme on l'a noté plus haut (§ 2), le schéma 'protase + apodose' permet à *ỉw* de conserver la fonction de marquer la proposition principale qu'il a dans la langue classique.

Arrivé sur sa terre, Mery se mit en deuil (*nẖwt* : *Wb.* II,305,17), mais ceux qui sont restés sur place, au lieu de lui montrer leur solidarité, se moquent de lui (49-56).

Le vers 49 est une proposition elliptique du sujet : « Un chef qu'un mauvais destin a privé de sa plume (est lui) ». On pourrait aussi supposer l'ellipse de la particule présentative *mk* dans sa fonction de 'quasi-verbe' : « (Voici) un chef qu'un mauvais destin a privé... ». Le sujet est modifié par une forme relative *(ḫsf šꜣy bỉn mḥt)*, dont le sens me paraît clair[37]. Le « mauvais destin » de Mery, ou simplement son « destin » (*Wb.* IV,404,7-8), est Merneptah (56).

50) Littéralement : « ils disent tous, c.-à-d. ceux de ses villes », avec une spécification retardée du sujet, introduit par *m* de prédication[38]. Cette construction est normale avec les verbes de dire *ḫr* (60 ; 78) et *ỉn* (95), postposés pour indiquer le parlant (cf. Erman 1933, §§ 702 ; 714). Pour *nꜣyw* « ceux de » voir Erman 1933, § 127.

52) Construction périphrastique néo-égyptienne : *ỉrỉ* ... *sḥwr* « faire ... le maudire », au lieu du verbe simple (Erman 1933, § 543).

54) Second sujet de la précédente 'p.n.1', introduit en apposition. Littéralement : « (ainsi qu') un et le fils d'un et sa tribu (*mhꜣw/ mhwt :* Lesko I,230) ».

55-56) Merneptah « a été fait pour poursuivre » ; littéralement : « a été fait derrière » (*m-sꜣ* au sens hostile : 76)[39]. Le verbe *ỉrỉ* conserve ici son sens de « faire », même si en néo-égyptien il est aussi employé au sens de « être » (Erman 1933, § 557 ; Korostovtsev § 426), comme le montre le parallélisme avec *dy.t(w)* dans la proposition suivante : « Merneptah ... lui a été placé comme destin » (49).

57) Littéralement : « il est devenu un frapper qui est raconté en (*n* au lieu de *m)* Libye ». Il n'est pas nécessaire de supposer pour *ḥwt* le sens de « proverbe », pas attesté autrement, comme le veulent les traducteurs.

58) Cette phrase constitue l'introduction au deuxième discours des Libyens. Quant au sens, elle équivaut à : « dit chacun des vieillards quand il parle à son fils » (60). Ainsi le parlant est précisé à deux reprises, comme en 73 et 78 et en 106 et 112[40].

Comparer, dans la stèle d'Athribis : « On raconte ses prouesses dans la terre de Me[schvesch ?] » (*KRI* IV,20,11).

---

[37] Bien, Hornung. Il n'y a aucune nécessité de sous-entendre la préposition *m* comme le veut Fecht. Différemment Lichtheim, qui ne reconnaît pas la forme relative : « A chief, ill-fated, evil-plumed », comme Kaplony-Heckel et déjà Erman 1923, 342.

[38] Ou « *m* of the rear extraposition » selon la terminologie de Černý - I. Groll - Eyre, § 10.3.4.

[39] Une phrase pareille, appliquée à une divinité, constitue une malédiction solennelle concluant un document. Les exemples sont recueillis par A.H. Gardiner, *JEA* 16 (1930) 224-225, pour montrer que dans ces phrases le verbe *ỉrỉ* équivaut à l'auxiliaire *ỉw*. Pour *m-sꜣ* au sens hostile, voir Edgerton - Wilson , 12, pl. 19 :6a.

[40] Le discours des Trente de la cour de Merneptah est aussi introduit deux fois par un verbe de dire (*KRI* IV,11,6-7).

59) Le sujet est le roi d'Égypte, tandis que l'objet direct est sous-entendu : aucun roi, depuis le temps mythique quand le dieu-soleil Rê régna sur la terre, ne nous a jamais fait une chose pareille[41].

61) Pour *bnd n* « malheur à » voir *Wb.* I,464,15-16 ; Edgerton - Wilson, 28, pl. 28 :43a.

La phrase suivante est complexe mais bien construite. Le substantif *sḫr* est employé comme un adverbe (Gardiner 1966, § 88), ou bien on peut supposer l'élision d'une préposition : < *m*> *sḫr n* « à la façon de » (*Wb.* IV,259,15).

La lamentation des Libyens, qui commence ici, décrit le bouleversement de la situation à la suite de la victoire de Merneptah. La campagne, dont on parle, est le Delta égyptien, où les Libyens s'étaient établis (voir le commentaire de 1).

62-63) Le sens de « cheminer (en liberté) » se comprend à la lumière de la phrase précédente. Les compléments adverbiaux « en un seul jour ... en une seule année » modifient les verbes respectifs et soulignent la rapidité et la décision de l'action du pharaon.

64) Seth, en tant que dieu du désert, avait une relation spéciale avec les Libyens, qui l'identifiaient avec leur dieu Ash (Bakry, 19).

Pour l'expression « tourner le dos » à quelqu'un en signe de refus voir *Wb.* III,227,17 ; Grapow repr. 1983, 111. Comparer, dans l'inscription de Karnak : « Amon a approuvé, dit-on à Thèbes, parce qu'il a tourné son dos (*ḫȝʿ.n.f ḥȝ.f*) aux Meschvesch [... et il ne re-] garde pas la terre des Temehou » (*KRI* IV,5,6-7). À noter que la lamentation est faite à la troisième personne par les Libyens mêmes.

66) Littéralement : « travail de soulever et porter des poids », qui peut se comprendre comme hendiadys pour le simple travailler librement ou commercer[42]. Le verbe *ḫni*, qui n'est pas attesté ailleurs, peut être mis en relation avec l'ancien verbe *ḫn* « apporter des cadeaux » (*Wb.* III,286,16) et avec le nom personnel *ḫnw* « porteur de sacs » (*Wb.* III,286,17).

67) Littéralement : « est avantageux de se cacher[43] en étant en sécurité dans la caverne », avec *ỉw* circonstanciel. Le terme *bgrt,* qui est unique, semble être une variante de *mgrt* « caverne ». Tous les deux sont probablement des emprunts du sémitique (hébreu *m*^{e}*ʿārâ*) (*Wb.* I,482,15 ;

---

[41] Ainsi, plus ou moins, Fecht , Hornung et Kaplony-Heckel, mieux que Lichtheim : « It was never done to us since the time of Re », et Lalouette : « Cela n'avait jamais encore été accompli contre nous depuis (le temps de) Rê ».

[42] Comparer Fecht : « es-gibt-keine-Arbeit im-Lastentransport », suivi par Hornung ; et aussi Kaplony-Heckel : « Es gibt keine Schlepp-Arbeit », qui note : « Arbeit des Tragens und Niedersetzens, d.h. des Transports ».

[43] L'encensoir, signe avec lequel on écrit le verbe *kȝp* « se cacher » (Gardiner 1966, Sign-list R 5-6), est dessiné d'une façon sommaire (voir la note 12a en *KRI* IV,15).

II,164,14)[44]. On se souvient des Israélites qui se cachaient dans des grottes *(me'ārôt)* et d'autres refuges par peur des Madianites (Jug 6,2) et plus tard des Philistins (1Sam 13,6 ; 14,11).

Selon la stèle d'Athribis, les Libyens échappés au carnage « vécurent d'herbes comme les animaux » (*KRI* IV,21,6).

71) *Ḫꜣỉnỉ* « stupide », avec les variantes *ḫỉnỉw* et *ḫn* (*Wb.* III,290,1 ; Lesko II,157), équivaut au suivant *ỉwty-ḥꜣty* « celui qui n'a pas de coeur, sot » (*athēt* en copte), qui est l'exact équivalent de l'hébreu *ḥăsar lēb,* caractéristique de la littérature de la sagesse (Prov 6,32 ; 7,7 ; 9,4.16 ; 10,13.21 ; 11,12 ; 12,11 ; 15,21 ; 17,18 ; 24,30 ; Sir 6,20), et aussi de *'ên lēb* (Hos 7,11 ; Jér 5,21)[45]. Ces deux adjectifs sont les prédicats du même sujet qui suit.

Le sujet est littéralement : « celui qui commence, ou entreprend cela », c.-à-d. le combattre contre Merneptah. En effet, le pronom suffixe masculin *f* se réfère au verbe *'ḥꜣ* du vers précédent ; d'où *šsp 'ḥꜣ* « engager le combat » (*Wb.* IV,533,12). Le verbe *šsp* s'emploie même sans objet quand il est possible de le déduire du contexte (*Wb.* II,533,18).

Comparer, dans l'inscription de Karnak : « leur prince est comme un petit chien, un homme misérable et sans coeur *(ỉwty-ḥꜣty.f)* » (*KRI* IV,5,1-2).

72) La phrase *bw ḫm.f* « il n'ignore pas le lendemain » présente une double négation pour une affirmation très forte : « il sait très bien ce qui l'attend »[46]. La copie de Karnak a, pour sa part, *bw ḫm.n.f,* avec sḏm.n.f au lieu de sḏm.f, comme c'est le cas dans la langue ancienne (Erman 1933, §§ 315 ; 772). La force de l'expression ressort aussi du fait qu'on dit normalement que l'homme ignore son lendemain : c'est l'appel à la prudence typique de la sagesse (*Wb.* V,423,3). Notre passage dit exactement le contraire.

73) Le casus pendens se trouve introduit par la préposition *ỉr* (73). Il est significatif, du point de vue syntactique, qu'en égyptien la préposition *ỉr* introduit soit l'élément non verbal qui doit être placé en tête de la phrase en extra-position[47], soit le sḏm.f en fonction de protase (Gardiner 1966, §§ 149 ;

---

[44] L'hébreu *b'ārā* (Kaplony-Heckel, n. 11d) n'existe pas. On lira *m'ārā*.

[45] Brunner 1954 ; Brunner 1977 ; Niccacci 1982a, 30-32.

[46] Par contre, Kaplony-Heckel traduit : « Wer seine Grenze übertritt, der bedenkt nicht den morgigen Tag ! », en lisant *ḫmt* « penser » au lieu de *ḫm* « ignorer ».

[47] « Extra-position » est un terme qui indique le phénomène grammatical, c.-à-d. qu'un élément de la phrase est placé hors de la phrase même et se trouve représenté à sa place par un pronom de rappel. Toutefois « extra-position » n'indique pas la fonction syntactique, c.-à-d. que l'élément extra-posé est la protase tandis que le reste de la phrase est l'apodose. On ne peut pas définir ce phénomène comme « anticipatory emphasis » (Gardiner 1966, § 149), parce que son effet n'est pas l'emphase mais éventuellement la « topicalisation ». En effet, on place un élément non verbal en tête de la phrase pour le présenter tout de suite

150). Cela confirme l'équivalence, suggérée plus haut (§ 2), entre le casus pendens et la protase. Dans notre cas : « quant à l'Égypte » équivaut à « si on parle de l'Égypte ».

L'apodose est une proposition nominale elliptique, dans laquelle le prédicat est *tꜣ šrît wꜥty(t) n pꜣ Rꜥ*, tandis que le sujet sous-entendu est *sy* « elle », c.-à-d. l'Égypte (*Kemet*). L'apodose commence par un complément adverbial (« depuis [le temps] des dieux »), qui normalement devrait paraître à la fin, anticipé pour quelque raison.

Entre la protase et l'apodose se trouve une phrase parenthétique, indiquant le parlant d'une façon générale : *ḫr.tw* « dit-on », verbe postposé avec sujet indéfini. Comme on l'a déjà indiqué, le sujet est précisé dans la suite (78 ; voir 58-60 ; 106-112).

74) Encore une proposition nominale, parallèle à la précédente, construite selon le schéma prédicat - sujet : « son fils (prédicat) est celui qui siège sur le trône de Schou (sujet) ».

75) Littéralement : « Le coeur n'a pas fait une bonne réputation à celui qui viole ses gens », c.-à-d. les gens de l'Égypte, à laquelle aussi se réfèrent les suffixes féminins des deux vers suivants. C'est une formulation tardive d'une phrase ancienne : *înk îr ḳd.f* « je suis quelqu'un qui a fait sa réputation »[48]. Dans notre passage, le sujet est le coeur (et non pas la personne même) en tant que la force qui pousse l'homme à l'action, son ambition, sa convoitise[49].

À noter que la construction négative *bw* + sḏm.f a la valeur du passé comme en 32 et 59.

76-77) La phrase prépositionnelle *m-sꜣ* est le prédicat dans la première proposition nominale (76), tandis que dans la deuxième (77) le prédicat est le pronom indépendant *nts*. Par conséquent, la première proposition est non-marquée : « l'oeil de chaque dieu est derrière à (55) qui la désire », tandis que la deuxième est marquée ou « emphatique » (phrase coupée) : « c'est lui qui... ».

L'expression *înî pḥwy* signifie soit « atteindre les frontières » d'un pays soit « procurer la fin de » quelqu'un ou de quelque chose (*Wb.* I,536,18-19 ; Faulkner, 22 ; Meeks III, 1017)[50]. Le deuxième sens est préférable ici.

---

comme le « topique », l'argument dont on va parler, le « donné ». Le phénomène de l'emphase est différent, du fait que l'élément sur lequel elle est placée devient le prédicat de la phrase, le « commentaire » ou le « nouveau » (voir les notes 10 et 11 ci-dessus).

48 Polotsky 1929, 30 ; Faulkner, 282. Kaplony-Heckel, au contraire, prend *ḳd* au sens de « dormir » !

49 Voir Brunner 1954 ; Brunner 1977 ; Niccacci 1982a, 30-32.

50 Le sujet est « l'oeil de chaque dieu » (76), et non pas l'Égypte, comme le pense Kaplony-Heckel qui fait commencer le discours direct en 77.

À noter donc, après la construction *bw* + sḏm.f avec la valeur du passé (75), une proposition nominale avec la valeur du présent (76) et une autre avec la valeur du futur (77). C'est une démonstration des moyens rhétoriques de notre stèle.

78-79) C'est une deuxième indication du parlant, qui précise la première (73), tout en restant un seul discours. La structure syntactique du passage est donc la suivante : « Quant à l'Égypte, dit-on, depuis (le temps) des dieux ... – ... disent ceux qui scrutent *(sꜣw n)* leurs étoiles et ceux qui connaissent toutes leurs formules en observant *(nw r)* les vents ». Deux catégories, très rares, de magiciens sont indiquées ici : ceux qui pratiquent la divination en observant les étoiles et ceux qui la pratiquent en observant les vents[51].

80) La phrase : « Un grand prodige (*biꜣyt : Wb.* I,440 ; Lesko I,151) est advenu pour l'Égypte » rappelle : « Une grande joie est survenue sur l'Égypte » (123), ce qui suggère, à mon avis, que le discours des magiciens se termine en 79[52].

Un parallèle très proche se lit dans l'inscription de Karnak : « (Les Trente de la cour acclament Merneptah) Il est grand ce qui est advenu pour l'Égypte *(ḫpr n Kmt)* [...] De grands actes de bravoure[53] sont devant nous (?). Nos pères n'ont jamais vu un prodige *(biꜣyt)* (pareil), ni entendu des autres[54] ». Voir aussi la louange suivante de Hatschepsout : « (Tous les présents) louent Ma'a-ka-Rê pour les exploits de sa divinité[55], à cause de la grandeur du prodige advenu à cause d'elle *(n-ʿꜣt-n biꜣyt ḫprt n.s)* »[56] (*Urk.* IV,340,5-6).

81-82) C'est une seule proposition – que j'ai coupée en deux lignes pour raison d'espace –, laquelle explique en quoi consiste le prodige. J'analyse le verbe *dd* comme un sḏm.f de forme nominale emphatique, ayant la fonction de sujet, dont le prédicat (ou élément mis en relief) est le vers 82. Pour la traduire en français (phrase coupée), il est nécessaire de renverser

---

[51] Brunner 1973, 25-30. Le terme *sꜣw* est écrit d'une façon singulière. Selon Brunner (*ibid.*, 26, n. 9) il serait une variante de *sꜣw* « faire attention » (*Wb.* IV,17,10), mais il pourrait aussi être lié à *sꜣw* « surveiller » (*Wb.* III,416). Quant au déterminatif de l'oeil qui l'accompagne (Gardiner 1966, Sign-list D 4), il pourrait s'expliquer par analogie avec le parallèle *nw* « observer » (*Wb.* II,218).

[52] Contre l'opinion de Brunner 1973, 26.

[53] Lire *ḏrḥw* avec Helck, *BiOr* 27, 350 ; *KRI* IV,40,16.

[54] Littéralement : « en plus de (?) ce qu'ils ont entendu des autres ». Le problème est le sens de *r-ʿ-m*.

[55] Littéralement : *nw nṯrr.s* « de elle-est-divine », forme emphatique du sḏm.f régi par une préposition (Gardiner 1966, § 442,5)

[56] Plutôt que : « die Wunder, die ihr geschehen sind » (Blumenthal *et al.*, 23).

l'ordre de l'égyptien : « *c'est* grâce aux plans du roi divin, justifié[57] contre ses ennemis au-devant de Rê, *que* sa main (c.-à-d. de l'Égypte, avec suffixe féminin) place celui qui l'assaille (avec suffixe masculin cette fois-ci !) en prisonnier vivant ». Cette analyse suppose, à côté du changement de genre des suffixes pronominaux, une inversion de l'ordre normal des mots dans la phrase, vu que le sujet *ḏrt.s* suit l'objet *pḥ sw*[58].

83-85) Du point de vue syntactique, 83 est casus pendens (ou protase), tandis que 84-85 sont des propositions principales coordonnées (apodoses) (voir § 2). Le sens est que Mery, le chef qui a semé la destruction dans la province de Memphis, a été jugé avec Merneptah (« le roi divin, justifié contre ses ennemis » : 82) devant le tribunal de l'Ennéade à Héliopolis et a été déclaré coupable[59].

On rencontre deux expressions juridiques : *wpi* x *ḥnʿ* y « juger x avec y », c.-à-d. décider le bien-fondé de deux personnes qui demandent justice au tribunal (*Wb.* I,299,5 ; Lesko I,112) ; et *iri* x *m ʿḏɜ* « déclarer quelqu'un coupable » (*Wb.* I,241,6-7 ; Lesko I,96), dont la formule relative est *iri* y *m mɜʿty* « déclarer quelqu'un innocent, justifié » (82). La terminologie biblique correspondante est *rāšāʿ* « coupable » et *ṣaddîq* « innocent »[60]. Une telle phraséologie semble entraîner une résonance mythique (voir 115) : Merneptah et Mery ont été jugés devant l'Ennéade, comme autrefois Horus, le roi légitime et bienfaisant, et Seth, l'adversaire représentant du chaos[61].

86) L'indication du parlant se fait ici par *ḏd Nb-r-ḏr*, un sḏm.f « dramatique » parmi beaucoup d'autres dans ce niveau, préposé au discours comme en 106, et non pas par un verbe postposé comme en 50 et 73. On traduira au passé (sḏm.f avec la valeur de l'ancien sḏm.n.f : Erman 1933, §

---

57 La graphie du nom (pas tout à fait certaine : voir *KRI* IV,16,6), avec la figure de la déesse Maʿat, pourrait suggérer le duel *mɜʿty* « les deux Vérités », qui toutefois n'a pas de sens ici. On lira plutôt *mɜʿty* « justifié ». Kaplony-Heckel, ne sachant que faire (note 14b), ne traduit pas le nom.

58 On ne peut pas exclure l'analyse alternative qui fait de *pḥ sw* le sujet et suppose l'élision de la préposition *m* : « gegeben-wurde-sein-Angreifer in-seine-Hand als-Gefangener » (Fecht ; pareillement Hornung). À mon avis, toutefois, *dd* ne saurait pas être une graphie du sḏm.f passif.

59 Lichtheim et Fecht analysent bien le texte, mais il ne ressort pas clairement de leur traduction qu'il est question ici d'une dispute légale entre le pharaon et le prince libyen. Hornung, en plus, y voit des phrases coupées (« Meri ist es, der übles tat ... Er ist es, der gerichtet wurde in Heliopolis »), ce qui ne paraît pas le cas. Tout à fait impossible me paraît la traduction de Kaplony-Heckel : « Der Übeltäter Meri ist niedergeworfen. Jeder Gott [le texte a : *n nṯr nb* !] in Inebu geht mit ihm in Iunu vor Gericht [*wpi* + *ḥnʿ* !] ».

60 Voir Niccacci 1986. § 21, Ex 9,27b, p. 28.

61 La fable néo-égyptienne sur le jugement d'Horus et de Seth devant l'Ennéade commence de la façon suivante : [...] *pɜ wp[t] Ḥr ḥnʿ Seth* [...] « le jugement de Horus avec Seth ». Voir Gardiner 1932, 37 ; Velde ; Lalouette, 314, n. 173.

312), étant donné que la décision du Maître universel est préalable à la campagne de Merneptah. De même en 95 et 106.

87-94) La structure syntactique est la suivante : *ỉmỉ* (impératif) *pꜣ ḫpš n sꜣ.ỉ* + (série d'épithètes et noms du pharaon +) *wḥʿ.f ... dỉ.f ... dỉ.f ... dỉ.f ... dỉ.f* (cinq sḏm.f prospectifs, tous dépendant de l'impératif initial et ayant une fonction finale) : « *Donnez* le cimeterre à mon fils ... *afin qu'il* délivre ... présente ... fasse en sorte que ... permette que ... permette que ». On trouve la même structure deux autres fois plus loin (96-97 ; 114-115)[62].

Avec la remise du cimeterre[63], Merneptah est chargé de restaurer la liberté, l'intégrité et le fonctionnement normal des villes et des temples. Dans le cintre de la stèle, c'est le dieu dynastique Amon-Rê qui donne le cimeterre au pharaon (assisté par Khonsou dans la scène de droite et de Mout dans celle de gauche) avec les paroles suivantes : « Prends pour toi-même ton cimeterre pour triompher sur toute nation étrangère » (à droite) ; « Reçois pour toi le cimeterre contre toute nation étrangère, rassemblée en un seul lieu » (à gauche). Comparer, dans l'inscription de Karnak, les paroles du dieu Ptah en rêve à Merneptah : « «Prends ça» tandis qu'il lui donnait le cimeterre, «et éloigne de toi le coeur couard !» » (*KRI* IV,5,12-13).

En 87 trois adjectifs qualifient le pharaon : *ʿḳꜣ-ḥꜣty*[64] « droit de coeur » (*Wb.* I,233,8 ; Faulkner, 50 ; Meeks II,0812 ; III,0557 ; *nʿ* « clément » (*Wb.* II,206,4) et *sfny* « doux » (*Wb.* III,443,2). Le premier (dans la forme *ʿḳꜣ-ỉb)* et le second se retrouvent dans un passage auto-laudatif assez long de l'inscription d'Intef (Louvre C. 26) (*Urk.* IV,970,10.15).

En 89 le verbe *wšb* « protéger » une ville est construit avec objet direct (de même en 97, « protéger » une personne), tandis que normalement il régit la préposition *ḥr* (*Wb.* I,371,17-18). Le participe *wnw* est accompagné du déterminatif du bras avec un bâton (Gardiner 1966, Sign-list D 40), qui n'est pas le déterminatif attendu dans le sens de « qui étaient » (voir la graphie correcte en 21 : *wnw ḏbꜣ(w)).*

En 93 le verbe *ḫꜣmy* signifie « regagner la possession » d'un domaine perdu. Ce même verbe en 103 signifie probablement « conserver » une propriété. On le trouve avec un objet direct ou avec la préposition *r* (*Wb.* III,231,8-9 ; Lesko II,161).

Le verbe *ḳrỉ* (94), écrit aussi *ḳꜣỉw,* signifie « se rendre » à une place (*Wb.* V,59,1-7).

---

62 C'est un des lieux syntactiques de la construction copte *tarefsōtm* (Polotsky 1944, 102-124) et du w^e^yiqtol jussif indirect en hébreu biblique (Niccacci 1990, § 61). Par contre, suivant Lichtheim, Kaplony-Heckel préfère analyser comme une description : « Er wird die vielen befreien... ». De même en 97.

63 C'est le geste symbolique qui met en action la « guerre sainte » en Égypte.

64 Il y a une inversion de signes dans la graphie de *ʿḳꜣ*.

Ce passage 90-94 concerne donc le retour à la normalité dans la Moyenne-Égypte après la fin de l'occupation libyenne (voir commentaire de 1) que Merneptah doit accomplir : les prisonniers sont libérés ; les offrandes sont présentées aux temples et l'encens est offert au dieu local ; les princes regagnent la souveraineté sur leurs domaines ; et les gens, qui s'étaient enfuis ou avaient été chassés, peuvent retourner à leurs maisons.

95) Un nouveau discours divin est introduit par *in.sn*[65] (avec valeur de passé : 86) *m Nbw 'Iwnw,* littéralement : « Ils dirent, c.-à-d. les Souverains d'Héliopolis ». À noter que cette forme verbale est employée fréquemment à la fin du discours (Erman 1933, § 714).

96-97) La structure syntactique est la suivante : « *Donnez* lui une vie ... *afin qu'il* protège » (87-94 ; 114-115). Le verbe *wšb* « protéger » régit la préposition *ḥr* dans la copie de Karnak (ce qui est normal : voir 89), tandis que dans la stèle il n'a pas de préposition. Le verbe *ỉḫd* « souffrir, être affligé » (*Wb.* I,35,9) est écrit avec le lasso (Gardiner 1966, Sign-list V 4), ce qui n'est pas usuel.

98) La lecture *pš* est une correction au texte de *KRI* proposée par W. Helck (*BiOr* 27,350 ; voir *KRI* IV,41,7). Je ne connais pas, en égyptien, d'autres exemples de termes à peu près synonymes employés à l'état construit, comme on a ici[66] : « part de portion » ; peut-être donc : « part d'hérédité ».

99) Le terme *rmṯ* « gens, population » est écrit seulement avec les signes qui normalement en sont le déterminatif : homme + femme + signe du pluriel (Gardiner 1966, Sign-list A 1). Les signes suivants *tw.s* assurent que la consonne finale est conservée devant le suffixe (Erman 1933, § 139) : *rmṯ/ t.f.*

100-101) Malgré l'avis de Fecht, suivi par Hornung, *ḫpr* ... *ḥr-'wy* peut difficilement avoir le sens de « vient ... de la main » du fort (en reliant cette phrase à *ḳn* qui suit). Le sens est plutôt : au temps du fort on peut vivre en paix (« être assis ») et le souffle de vie arrive tout de suite, c.-à-d. toute préoccupation et angoisse s'évanouissent.

102) Le sens du verbe *sḫd* demandé par le contexte, « faire affluer », bien qu'il ne soit pas attesté ailleurs (*Wb.* IV, 266,14), s'explique assez bien comme le causatif de *ḫdỉ* « s'écouler » (dit de l'eau) (*Wb.* III,354,17 ; Faulkner, 199), employé de façon figurée.

Le terme *mȝ'ty* est écrit de façon sommaire, mais il n'est pas avisé de lire le pronom relatif *nty* à cause du déterminatif « le rouleau de papyrus »

---

[65] L'omission de *ỉ* (Gardiner 1966, Sign-List M 17) en *KRI* a été signalée par W. Helck (*BiOr* 27,350 ; voir *KRI* IV,41,7).

[66] Ce phénomène est attesté en hébreu biblique, ougaritique, araméen et accadien : Avishur, 153-211 (« construct state of synonyms »).

(Gardiner 1966, Sign-list Y 1). Notre leçon est confirmée en quelque sorte par la présence du terme opposé *grg* « trompeur » (103) avec qui *mꜣʿty* forme un couple fréquent (*Wb.* II,21,4)[67].

103) Littéralement : « il n'y a pas de trompeur[68] qui conserve la propriété de (*ḫꜣmy* : cf. 93) ses (actes de) rapacité », c.-à-d. le butin de sa rapacité. Ce sens paraît certain même si une inversion des signes se vérifie dans *nꜣy.f ʿwn-ìbw* (le signe ʿ précède le signe *f*).

104-105) Voilà les deux vers les plus incertains de la stèle, surtout le deuxième. J'analyse le passage comme une proposition double, composée de casus pendens (104), qui a la fonction de protase, et d'apodose (105). La syntaxe est compliquée à cause de quelques problèmes de lecture : la graphie du pronom relatif *nty* n'est pas complète ; dans la suite je lis avec W. Helck (*BiOr* 27, 350 ; *KRI* IV,41,7) *dnìw*[69].

Le sens de *pḥt* « proie » est dérivé du verbe *pḥ* « piller » (*Wb.* I,535,10). On pourrait entendre aussi bien : ce qu'on atteint (c.-à-d. comme participe passif féminin indiquant le neutre, dérivé du verbe *pḥ* dans le sens normal de « atteindre, obtenir »), et donc le résultat d'appropriations illicites.

Dans le reste du vers 105 je lis *n ktḫ*[70] *n(-is)?* *n ẖrdw(.f)* « pour d'autres, non pas pour (ses) fils ». J'ajoute entre parenthèses l'enclitique *ìs* qui serait attendu en moyen-égyptien (Gardiner 1966, § 247,2). Le sens est excellent[71].

106-112) Le discours est introduit par *ḏd.tw nn*[72] comme en 86. La reprise en 112 (voir ci-dessous) se fait avec la même forme verbale *ḏd Ptḥ*. On trouve donc dans notre stèle différentes façons d'indiquer le parlant : *ḫr* postposé (50 ; 73 ; 78) ; *ḏd* (86 ; 106 ; 112) et *ìn* (95) préposés[73].

Pour comprendre la syntaxe de ce passage, il est nécessaire, d'une part, de noter que les vers 107-111 ne constituent pas une proposition complète (il manque le prédicat) ; d'autre part, on observe des répétitions remarquables : *ḏd.tw nn Mry … ḫrw n Rbw* (106-108) – *ḏd Ptḥ r ḫrw n Rbw*

---

[67] Lichtheim semble avoir saisi le sens général de ce passage difficile (102-105), au contraire de Fecht et Hornung (voir *infra,* note à *dnìw*, 104-105).

[68] *Grgy* (*Wb.* V,190,5), avec inversion de signe : le pic enfoncé dans la terre (Gardiner 1966, Sign-list U 17) suit, au lieu de précéder les deux roseaux fleuris (Sign-list M 17).

[69] Ce même terme en 98 est écrit d'une façon un peu différente. La lecture *zwnw* « die Leidenden », proposée par Fecht (suivi par Hornung), et sa longue discussion (pp. 130-132) devraient être donc abandonnées.

[70] L'ordre des signes *ḫ* et *t* est renversé.

[71] Dans un point la traduction de Kaplony-Heckel (suivant Erman 1923, 344) est semblable : « (Was dem Betrüger gehört…) gerät an andere, nicht an seine Kinder ». Pour le reste elle est très différente.

[72] Écrit avec le jonc de Gardiner 1966, Sign-list M 23 au lieu de M 22.

[73] Voir Grapow 1939-1943, 80-89.

(112). En effet, les vers 107-108 comprennent le nom et les épithètes de Mery, le chef libyen ; 109 est une phrase relative, tandis que 110-11 sont en apposition. Par conséquent 107-111 sont un long mais unique syntagme nominal. Vu que 112 reprend le verbe principal *ḏd* et aussi le syntagme nominal avec *ḫrw n Rbw,* une solution s'impose : 107-111, ensemble, sont en casus pendens, repris en 112, et *ḏd.tw nn* est spécifié par *ḏd Ptḥ*. La structure du passage peut être exprimée de la façon suivante : « On a dit ceci : Mery, le vil ignorant, l'ennemi de Libye ... (casus pendens) – a donc dit Ptah à propos de l'ennemi de Libye (reprise du casus pendens) : Que soient rassemblés tous ses crimes ... (spécification de l'objet précédent 'ceci') »[74].

Par conséquent, les vers 106-122 constituent le discours de Ptah[75], un seul discours divisé en deux parties. On a noté un phénomène similaire en 73-78.

107) On lira *ḫmw* « ignorant » (ainsi la copie de Karnak), même si le signe *m* (Gardiner 1966, Sign-list Aa 13/15) est douteux. Les ennemis sont des « ignorants, insouciants, oublieux » de l'Égypte, ou des barbares, selon une terminologie du Nouvel Empire (*Wb.* III,280,8 ; Meeks I,3072 ; III,2201). Ici c'est un titre de Mery, ajouté au titre plus fréquent de *ḫrw*[76] *n Rbw* « l'ennemi de Libye »[77] (37 ; 112).

« Violer les Murailles de Tatenen », à savoir Memphis (20). Comparer « violer les frontières » (72) et « violer les gens » (75).

La syntaxe de 109 est difficile. Pour Hornung il ne s'agit pas d'une phrase mais de deux : « (Ptah-Tatenen) der ihr [scil. Memphis] Herr ist, dessen Sohn auf seinem Sitz erschienen ist » ; pareillement Fecht et Kaplony-Heckel. Mais *nty nb.s* ne peut pas signifier « dont il est le seigneur », sinon par une correction, en supposant l'omission du *m* de prédication. Lichtheim, au contraire, analyse la phrase comme une seule proposition : « Whose lord has made his son arise in his place ». Mais il semble que le verbe *wbn* n'est jamais employé au sens transitif pour le roi, bien qu'on le trouve au sens d'illuminer pour le soleil (*Wb.* I,294,3). Je pense donc que la phrase est une forme relative (comme l'analyse Lichtheim) avec un casus pendens ;

---

[74] Fecht lit : *ḏd.tw-nn n-Mrjj* et traduit : « Gesagt-wurde-dies im-Hinblick-auf-Mrjj », et note : « Tatsächlich gehört *ḏd.tw-nn n-Mrjj* (etc.) natürlich zum Vorangehenden, nicht zum Nachfolgenden » (p. 132). Mais il est au moins douteux qu'on puisse lire *nn n* et traduire comme le propose Fecht ; pour dire quelque chose « à propos de quelqu'un », on emploie la préposition *r* et non pas *n* (voir 112). En plus, il est évident, contrairement à ce qu'affirme Fecht, qu'on parle de Mery dans la suite. L'analyse proposée ici paraît donc confirmée.

[75] D'Amon dans la copie de Karnak !

[76] Avec le déterminatif des bras en geste de négation (Gardiner 1966, Sign-list D 35), peut-être sous l'influence du précédent *ḫmw* « ignorant ».

[77] Dans la copie de Karnak on lit : *p(ꜣ)-n Rbw* « celui de Libye », qui équivaut à « l'ennemi de Libye ». Sur le préfixe *pn* « celui de », voir Gardiner 1966, § 111, Obs.

littéralement : « qui, quant à son seigneur *(casus pendens),* son fils est apparu à sa place » ; à savoir : « le fils du souverain de laquelle (Memphis) est apparu à sa place ».

113-115) Le verbe *sḥwy* est un sḏm.f vraisemblablement à valeur jussive, plutôt qu'indicative comme le veut Lichtheim, parallèle à l'impératif suivant *ỉmỉ sw* « mettez-le ». L'autre verbe *wḏbw* peut être interprété comme un deuxième sḏm.f ayant le même sujet sous-entendu, ou bien comme un ancien perfectif. Le verbe *wḏb* signifie « plier, retourner, se tourner ». On traduira donc : « Que tous ses crimes soient rassemblés et qu'ils se tournent (ou bien : en se tournant) sur sa tête ». C'est une idée dont on peut citer de bons parallèles bibliques (Yaron).

En 1 14-115 la structure syntactique est la suivante : « *Placez*-le dans la main de Merneptah ... *pour qu'il* fasse vomir » (87-94 ; 96-97). L'idée de redresser une situation compromise (113) se retrouve en 115, où il est question de « faire vomir ce que Mery a avalé ». La comparaison « comme un crocodile » modifie, évidemment, le verbe avaler. Une expression pareille est attestée dans le Nouvel Empire pour le combat de Rê contre un ennemi[78]. Cette expression donne à la confrontation entre Merneptah et Mery une allure mythique (voir 85).

À comparer, dans l'inscription de Karnak : « Les plans[79] qu'il avait faits ('dits') ont échoué. Tout ce que sa bouche avait dit est retombé sur sa tête » (*KRI* IV,7,5).

116-117) Le discours de Ptah continue avec une réflexion générale. L'expression *wn nb* (Karnak ajoute : *'nḫ wḏꜣ snb*) *r sḫt.f* est une forme relative, autrement la forme *wn* ne s'expliquerait pas[80], tandis que la phrase suivante est circonstancielle, modifiant *nb :* « Voilà, certainement le rapide rejoint le rapide que le Souverain (Karnak : vie, prospérité, santé !) est là pour prendre au filet, (lui) dont la force est connue ». Le verbe *sḫt*, de la chasse aux oiseaux, est employé dans le Nouvel Empire pour capturer les ennemis (*Wb.* IV,262,12-13 ; Lesko III,91). Dans la phrase *rḫ pḥty.f* le verbe

---

[78] Voir Gutbub, I,413-414 ; Meeks III,0936. Pour l'expression au sens propre, dite du crocodile auquel les chasseurs font vomir la proie avalée, chez les auteurs classiques voir Peruzzi.

[79] Le terme *šꜥrw* est pris du sémitique : hébreu *šꜥr* (Helck 1971, 520, n° 216) *;* ougaritique *ṯꜥr.* Le sens est discuté, mais l'ougaritique prouve qu'il signifie « préparer, arranger » (Gray, 266), un sens qui s'accorde pour Prov 23,7 : « comme celui qui prépare la table pour lui-même » (Barker).

[80] Ce fait est normalement négligé dans la conviction tacite que les textes de cette période ne révèlent plus un système verbal bien défini. Encore une fois le contraire me paraît vrai.

est à interpréter au sens passif plutôt qu'actif, comme on le fait généralement[81] (voir aussi *KRI* V,40,14).

119-120) Le *m* est une graphie de *ỉn*, la particule qui introduit le « participial statement », ou « proposition participiale » (comme en 134) : « c'est Amon qui le courbe (*wʿf* : *Wb.* I,285,6 ; Meeks I,0866 ; II,0902 ; III,0633) de sa main ».

Le sḏm.f suivant peut s'interpréter comme indicatif, aussi bien que comme prospectif, à cause de la graphie avec *y*. Dans ce dernier cas, on traduirait : « afin qu'il soit assigné à son *ka* en Héliopolis du sud (Thèbes) »[82]. Il s'agit du *ka* du dieu pour Kaplony-Heckel, Hornung, Lalouette et, semble-t-il, Fecht (lequel entend *wḏ* dans le sens de « envoyer » en dépit du déterminatif), tandis qu'il s'agit du *ka* du roi pour Lichtheim, et à bonne raison (voir 83-85). On peut comparer le passage suivant du texte appelé « Décret ou Bénédiction de Ptah sur Ramsès II et III », dans lequel on trouve ensemble, comme dans notre passage, soit *wḏ* soit le *ka* du roi : *wḏ.ỉ n.k tȝw, ḳmȝ.n.ỉ wrw!.sn ḥr fȝt n.k bȝkw.sn, ỉw.sn n.k ẖr ỉnw.sn n-ʿȝw!-n šft.k, ḫȝswt dmḏ(wt) ẖr ṯbwty.ky, wnn.sn n kȝ.k r nḥḥ, ỉw ỉr.k mn(w) ḥr-tp.sn ḏt* (Ptah parle au pharaon) « J'assigne à toi les terres puisque j'ai fait leurs chefs pour t'apporter leurs tributs. Ils viennent à toi en portant leurs dons grâce à la grandeur de ta majesté. Les terres ensemble sont sous tes sandales. À toujours elles sont pour ton *ka*. En effet tu as été fait stable à leur tête pour l'éternité » (*KRI* II,260,4/5-6/7)[83].

Mais pourquoi alors la mention de Thèbes ? Dans la Stèle d'Israël on parle normalement de Memphis et d'Héliopolis, qui est la région intéressée par l'attaque des Libyens (voir commentaire de 1). Mais Amon est, finalement, le dieu dynastique, et une copie de la stèle a été érigée dans son temple de Karnak. Le sens est alors que l'assignation de Mery au *ka* de Merneptah a été prise à Thèbes par Amon.[84] Cette interprétation se trouve confirmée par l'inscription de Karnak, où on lit ce qui suit : « Amon a approuvé, dit-on à Thèbes » (*KRI* IV,5,6 ; voir le commentaire de 64).

---

[81] Comparer la traduction de Lichtheim : « The lord who knows his strength will snare him » ; pareillement Hornung et Fecht. Kaplony-Heckel, pour sa part, traduit bien : « Seine Kräfte sind bekannt ! », mais le réfère à Mery (note 20b).

[82] Non pas Hermonthis, comme on le pensait autrefois et comme le pensent encore Kaplony-Heckel et Lalouette (Faulkner, 13 ; *Lă* VII/52, 1990, Index, 289). Si on interprète le sḏm.f comme prospectif, la proposition est de troisième niveau.

[83] Pour la phrase « à ton *ka* », voir Grapow 1939-1943, III, 86-91.

[84] Il ne paraît pas nécessaire d'entendre : assigné au *ka* du dieu à Thèbes. Voir toutefois la note de Hornung à propos de ce passage.

123-125) *Ršwt ʿȝt ḫpr.tỉ*[85] *ḥr Kmt* est à comparer avec 80, deux expressions solennelles qui signalent quelque chose d'inouï. *Ršwt* « joie » est en parallélisme avec *nhm* « cris de jubilation » (124). Les deux phrases sont parfaitement parallèles même du point de vue grammatical.

La proposition pseudoverbale en 125 peut être aussi bien circonstancielle que parallèle et explicative de ce qui précède : « tandis qu'elles racontent les victoires », ou bien : « elles racontent les victoires ». Pour l'expression « raconter les victoires » de Merneptah, voir 8. À noter ici que l'infini *sḏdt* régit la préposition *m*, ce qui n'est pas le cas en 8. Les deux constructions sont attestées : avec (*Wb.* IV,395,11) et sans préposition (Meeks III,2898 ; *KRI* II,61,13 ; 64,7 ; 166,3 ; Piankhy 24). Pour la terminologie comparer R.A, Caminos, *JEA* 64 (1978) 156, Pl. 40, fig. 1 ; J. Assmann, *RdE* 30 (1978) 26, col.16 ; 33, n. 52.

126-128) Triple répétition de la particule admirative *wy* avec participes et adjectifs parallèles : *mr* « aimé » // *sʿỉ* « magnifié » // *sbḳ* « splendide »[86]. La triple répétition se retrouve ailleurs dans notre stèle (8-10). Elle relève de son style poétique.

129-130) Le verbe *ȝʿʿ*, une variante de l'ancien *ʿw*, signifie « parler une langue étrangère, ou incompréhensible », et il est employé comme substantif : « barbarophone, interprète » (*Wb.* I,3,2 ; 159,8 ; Meeks I,0008 ; I,0575 ; Lesko I,2). La traduction « bavarder », qu'on lit chez les interprètes, est un sens *ad hoc,* ni nécessaire ni préférable. À la lumière de 139-140, le sens est plutôt : « Oh ! il est doux d'être assis lorsqu'on parle une langue étrangère », à savoir lorsqu'on entend parler une langue étrangère, s'il n'y a aucune préoccupation de razzias et dévastations[87].

Dans la phrase suivante on trouve une forme emphatique néo-égyptienne, rare parmi les formes descriptives du deuxième niveau (81 ; 141 ; voir § 2), ayant la fonction de souligner un complément ou une circonstance : *ỉ.šm.tw m wstn ḥr wȝt* (forme emphatique) *ỉw bn s<n>ḏt nbt m ỉb n rmṯ* (circonstance) « c'est lorsqu'il n'y a pas de peur dans le coeur des gens qu'on marche librement dans la route ». L'effet de la forme emphatique est compensé dans la phrase précédente par l'exclamation *ỉḫ* « oh ! ». À noter le parallélisme « être assis // marcher », un couple de termes opposés qui exprime la totalité de l'existence (mérisme). Ainsi 130 confirme l'interprétation de 129.

131-133) Trois phrases parallèles mentionnent les forteresses, les puits et les fortifications des murailles. Le premier des verbes qui les

---

[85] La stèle a le masculin *ḫprwy,* tandis que la copie de Karnak préserve seulement la terminaison du féminin : [ ]*.tỉ.*

[86] Voir Grapow 1939-1943, I 37-38.40-41.

[87] Comme a bien interprété Fecht, 132-133.

qualifient (vieux perfectifs) est clair : « sont laissées à elles-mêmes » (*ḫȝʿ(w) n-ʿ.sn* : *Wb.* III,228,8-9), tandis que le deuxième et le troisième ne le sont pas.

Prʿ semble être lui-même un vieux perfectif, qui modifierait le précédent, mais il est un *hapax-legomenon.* On peut supposer : « sont ouvertes toutes grandes (?)[88] ».

Ḳb « être frais », et aussi « être dans le calme » (Meeks III,3112), se dit d'une terre (*Wb.* V,24,4), mais je ne le trouve pas dit de fortifications.

On mentionne donc des signes de paix. Comme il n'y a plus de danger, les forteresses qui gardaient les puits dans le désert sont abandonnées ; les messagers peuvent se servir librement des puits dans leurs voyages à l'étranger ; les fortifications de la frontière ouest sont calmes. On décrit une situation fort différente de celle qui prévalait avant la campagne militaire selon l'inscription de Karnak : « [... l'Égypte était] abandonnée comme (territoire d') expédition de toute nation étrangère ; les Neuf Arcs saccageaient ses frontières. Les rebelles la violaient chaque jour [...] pour saccager ses forteresses » (*KRI* IV,4,8-9).

134-136) Encore trois phrases parallèles qui concernent non pas les lieux, comme en 131-133, mais les personnes, liées toutefois à ce qui précède : les guetteurs et trois tribus étrangères employées comme soldats et policiers du désert : les Medjai, les Naou et les Tekten (*Ṯktnw*[89] : *Wb.* II,186,10 ; 200,8 ; V,411,3). Les guetteurs des fortifications ne sont plus sous l'urgence de veiller : « c'est le soleil (avec *m* pour *ỉn* comme en 119) qui va les réveiller »[90] ; « les Medjai sont couchés dans le sommeil (*n ḳdw*) »[91] ; « les Naou et les Tekten sont dans la steppe qu'ils aiment[92] », à savoir ils sont retournés à leur activité normale.

---

[88] Kaplony-Heckel, sans hésitation ni explication : « Die Brunnen sind offen und für die Boten zugänglich ». Erman 1923, 344, qu'elle suit, a un point d'interrogation.

[89] Dans la copie du Caire : *Ṯknw*. On trouve Naou et Tekten ensemble en pAn IV,10,8-11,8 (Gardiner 1937, 46-47). En général voir Andreu.

[90] Une construction *m (= ỉn)* + substantif + *r* + infinitif n'est pas attestée en moyen-égyptien, qui emploie le sḏm.f et non pas *r* + infinitif pour indiquer le futur (Gardiner 1966, § 227). En néo-égyptien non plus je ne trouve aucun cas similaire, sinon peut-être le suivant : *m (= ỉn) sḫ n nfrw n nṯr pn r? smȝ th nb Kmt* « c'est le plan de ce beau dieu (littéralement : de la beauté de ce dieu, c.-à-d. le pharaon) qui va tuer tout envahisseur de l'Égypte » (*KRI* V,60,8). Mais malheureusement le texte n'est pas tout à fait certain comme le notent Edgerton - Wilson : « The sign is probably *r*, but *iri* remains possible » (p. 76, Pls. 80-83,15b). Cette construction peut dériver de *ỉw* + *r* « être destiné à ; être en train de » faire quelque chose (cf. *Wb.* I,42,17.19.21 ; Meeks II,0197) par omission de *ỉw*.

[91] Avec *n* pour *m :* ainsi dans la copie de Karnak ; voir plus haut (8-10).

[92] La stèle a *ȝbb.sn,* forme relative, tandis que la copie de Karnak a *n ȝbb.sn,* sḏm.f en régime indirect, deux constructions équivalentes (Gardiner 1966, §§ 191 ; 442,5 ; Erman 1933, § 835).

137-140) La description du calme continue : « le bétail de la campagne est laissé en état de troupeau en liberté » (*wḏyw : Wb.* I,398,13-14 ; Meeks II,1163)[93]. La phrase suivante : « il n'y a pas de berger qui traverse l'inondation du Nil (*mḥw ỉtrw : Wb.* II,212,17) », peut être interprétée dans un contexte spécifique, lorsque les eaux du Nil envahissaient le Delta et que les bergers se dirigeaient vers le désert libyen pour y trouver du pâturage, quitte à devoir retraverser hâtivement l'inondation avec leur troupeau en cas d'attaque des Libyens[94].

De l'inscription de Karnak on comprend que le Delta occidental, qui est visé ici, n'était pas cultivé, mais laissé comme terrain de pâturage à cause des razzias des Libyens : « [L'Égypte était comme] ce qui n'est pas soigné. Elle était laissée en campagne pour les troupeaux à cause des Neuf Arcs. Elle est restée non travaillée depuis le temps des ancêtres. Chaque roi reposait dans sa pyramide [...] les rois de la Haute et de la Basse-Égypte restaient devant leurs villes, renfermés en tant que responsables de province, par manque de soldats, parce qu'ils n'avaient pas d'archers pour se défendre » (*KRI* IV,3,6-9).

La phrase *sgb n ʿš* « cri d'appel » associe deux termes similaires qui forment ailleurs aussi un couple fixe dans la forme suivante : *ʿš sgb* « crier à haute voix » (*Wb.* IV,321,5 ; en copte *ašḳap).*

Le terme *wꜣḥ* ne figure pas parmi les exclamations fréquentes. En choisissant parmi les différents emplois du verbe correspondant, on devine : « halte ! ». Le *ỉw*[95] qui suit peut être interprété comme sḏm.f impersonnel précédé par *mk :* « Voilà que vient quelqu'un, vient quelqu'un avec[96] une langue des autres (*kꜣwyw* « autres, étrangers » : *Wb.* V,110 ; Lesko IV,31) ! ». La phrase semble donc évoquer encore une fois la terreur d'entendre, surtout pendant la nuit, parler une langue étrangère (129)[97].

141) La forme emphatique claire *ỉ.šm.tw* invite à considérer de la même façon la forme suivante *ỉw.tw* qui n'est pas explicite. En effet, *šm* et *ỉw* « aller » et « venir » forment un couple fixe indiquant la totalité par la mention des extrêmes (mérisme : 129-130). Le complément mis en relief est *m ḥsw(t)* pour tous les deux : « C'est en chantant qu'on va et qu'on vient ».

---

93 Cette phrase a été oubliée par Kaplony-Heckel.

94 Les interprétations des auteurs sont divergentes à ce sujet. Seul Fecht donne une interprétation semblable.

95 Écrit avec les jambes seulement (Gardiner 1966, Sign-list D 54).

96 À l'intérieur de *m* (Gardiner 1966, Sign-list Aa 13/ 15) on voit un *n* (Sign-list N 35) : une correction ?

97 Cette interprétation paraît préférable à celle de Lichtheim : « 'Wait, I come,' in a stranger's voice ». Voir la discussion de Fecht, 135-136.

142) La phrase *iw.tw (ḥr) ihm* est circonstancielle par rapport à la précédente : « Il n'y a pas de disgrâce des gens, quand on est en deuil »[98], c.-à-d. il n'y a aucune situation dans laquelle on soit obligé de pleurer quelqu'un.

143-144) La sécurité nouvelle est signifiée par deux faits : « les villes sont réfondées à nouveau », avec le verbe *grg (Wb.* V,186,5) doublement modifié par *'n* et *m wḥm,* deux adverbes équivalents (*Wb.* I,189,8) ; et « celui qui travaille pour sa récolte en mangera ». La force de cette dernière expression se comprend dans le cadre de l'incertitude provoquée par la guerre : plusieurs fois la récolte est brûlée par les ennemis. C'est partant un grand bonheur de pouvoir se réjouir du fruit de son travail. On l'assure, par exemple, dans l'au-delà heureux : « Ton coeur sera heureux lorsque tu travailleras *(m skꜣ.k)* dans ta pièce de terre dans les Champs des roseaux ; ta subsistance consistera en ce que tu auras fait *(ḫpr ḫrt.k m irt.n.k) ;* la récolte viendra à toi en (nombreuses) mesures de céréales » (*Urk.* IV,116,13-15 = 148,7-9 = 499,1-4)[99].

145-148) La description de la restauration du pays, commencée en 123, se termine ici avec la mention du dieu et du pharaon : « Rê s'est tourné (*pnʿ sw : Wb.* I,509,7-8 ; Meeks II,1448) vers l'Égypte ».

La phrase suivante qui concerne le pharaon est interprétée différemment par les auteurs à cause de l'ambiguïté de la graphie néo-égyptienne. Je lis *sw* comme pronom indépendant de la 3e personne avec la fonction de « casus pendens » ; et *ms.ti* pour *ms.tw* (Erman 1933, § 270), forme passive avec omission du sujet (ou avec sujet indéfini : Gardiner 1966, § 486)[100]. En plus je lie la détermination prépositionnelle *m-šꜣw n* à *šꜣw* « digne, capable ; dignité, capacité » (*Wb.* IV,404,17) plutôt qu'à *šꜣ* « déterminer, destiner ». Je propose donc : « Quant à lui, (il) a été engendré dans la dignité de son défenseur », c.-à-d. de l'Égypte.

149) Tant *pḫd(w)* que *ḥr ḏd* peuvent remplir la fonction de prédicat de la phrase. Dans le premier cas on traduira : « Les princes (copie de Karnak : Tous les princes) *sont abattus* (prédicat) en disant » (phrase type 'ps.v.1') ; dans le deuxième cas : « Les princes qui ont été abattus *disent* (prédicat) » (type 'ps.v.2'). Il se peut aussi que tous les deux soient prédicats coordonnés : « Les princes sont abattus *et* disent ». La deuxième possibilité me semble préférable.

---

[98] Le texte paraît parfaitement en ordre, malgré Lichtheim : « People don't ⌜lament⌝ and mourn ».

[99] Pour quelques parallèles bibliques de l'expression voir Niccacci 1981.

[100] On pourrait aussi penser que la titulature (147), au lieu d'être en apposition comme d'habitude, soit le sujet retardé du verbe passif.

Le verbe *pḫd* est variante de l'ancien *pꜣḫd* « pendre la tête en bas ; jeter à terre ; être prosterné, abattu » (*Wb.* I,544,10-11 ; Lesko I,180-181). Dans un texte pareil le dieu Amon-Rê dit à Ramsès III : *pḫd.i n.k tꜣ nb mꜣ.sn ḥm.k* « J'abattrai pour toi chaque terre quand ils verront ta majesté » (*KRI* V,35,12-13).

Šrm est transcription du sémitique *šlm* « paix » (*Wb.* IV,528,7-11 ; Lesko III,163)[101]. D'après les attestations citées par les auteurs, auxquelles il faut ajouter *KRI* IV,1,13 = 34,13/35,1, le terme fut emprunté au temps de Merneptah. Il est employé comme verbe dans le sens de « demander la paix » au pharaon ou à son nom (avec *n : KRI* V,25,3 ; 38,8 ; pHarr I,42,7), ou sans aucun complément (*KRI* IV,1,13 = 34,13/35,1 ; V,68,12-13 ; 70,4). On le trouve aussi dans le sens de « relâcher, mettre au repos » les armes (pHarr I,78,11 ; Piankhy 12). On connaît un emploi susbtantivé de la racine, *šrmt*, dans le sens de « don de paix » (pAn I,17,5)[102]. Dans notre texte aussi on le prend généralement pour un substantif dans le sens de « paix », mais il est préférable de le prendre pour un verbe, comme dans les cas pareils : « Accorde la paix ! ». Le cas le plus semblable est le suivant : « Ont demandé la paix *(šrm)* tous les princes, les chefs des ('ceux des') nations ayant été bouleversés à cause de la puissance de Sa Majesté » (*KRI* IV,34,13/35,1).

150-160) 150 exprime de façon négative le sens de 149. Pour *fꜣi tp-* « relever, soulever la tête » au sens hostile, voir *Wb.* V,264,16-17[103], et comparer surtout : *im.tn fꜣ tp-tn* « ne relevez pas votre tête car son bras est fort » (Ramsès III : *KRI* V,38,7).

Après que le corps de notre stèle, à partir de 27, a parlé en détail des Libyens, on revient à la désignation d'ensemble des ennemis de l'Égypte, « les Neuf Arcs » (150), qu'on lit au commencement (9). Comme là, la désignation d'ensemble précède une liste spécifique : d'abord les Tehenou (151), terme qui indique les ennemis libyens en général (63 ; 125), puis Hatti (152), Pa-Canaan (Gaza : 153), Ascalon (154), Gezer (155), Yenoam (156), Israël (157) et Kharou (Syrie : 158), pour terminer avec une autre désignation d'ensemble : « les terres toutes ensemble » (159).

Du point de vue syntactique, en 151, à la différence des autres cas avec le sḏm.f ou le vieux perfectif, on trouve apparemment un infinitif ou un substantif en fonction de sujet *(ḫf)*, dont le prédicat est la phrase prépositionnelle suivante *(n Tḥnw) :* « la dévastation est pour Tehenou ». Cela paraît en effet la seule possibilité d'expliquer la présence de la

---

[101] Helck 1971, 521, n° 225.

[102] Helck 1971, 521, n° 226. Voir Fischer-Helfert, 149.151.153. L'auteur discute ici la suggestion de A. Malamat de comparer le passage de pAn I avec 1Sam 25.

[103] Le *Wb.* cite notre passage au n° 17 : « den Kopf erheben … mit *r* = gegen jem. = ihm trotzen », mais aucune préposition n'est présente ici.

préposition *n,* vu qu'elle n'est pas attestée comme régime du verbe *ḫf*[104]. Cet emploi de l'infinitif nous rappelle le commencement de notre stèle (8-10). Ici l'infinitif remplit la même fonction que les constructions pseudoverbales avec le vieux perfectif (152 ; 156 ; 157 ; 158), qu'un sḏm.f passif (153 ; 154), qu'une proposition nominale précédée d'un casus pendens (159), qu'une proposition pseudoverbale avec *ḥr* + infinitif introduite par *ỉw* et précédée encore d'un casus pendens (160).

En 155 on pourrait analyser le verbe comme infinitif, mais le sḏm.f impersonnel est aussi possible. Puisque la préposition *m* est attestée avec le verbe *mḥ* dans le sens de « s'emparer » d'une ville (*Wb.* II,119,11), il n'est pas nécessaire d'analyser *m* comme graphie néo-égyptienne de *n* et le verbe comme infinitif, comme en 151.

Par un contraste frappant avec ce qui précède, le rythme du texte dans cette partie finale est serré. Dans deux lignes et demie on trouve, à côté de douze sujets, quatorze prédicats différents, avec deux fois deux verbes pour le même sujet : *pḫd* « abattre » et *šrm* « demander la paix » ; *fꜣỉ tp* (au négatif) « relever la tête » ; *ḫf* « dévaster » ; *ḥtp* « pacifier »[105] ; *ḥꜥḳ ... m bỉn nb* « dépouiller ... avec tout mal »[106] ; *ỉnỉ* « capturer, conquérir »[107] ; *mḥ m* « capturer » ; *ỉrỉ m tm wn* « anéantir »[108] ; *fḳ ... bn prt-* « désoler ... sans plus aucune descendance » (voir *infra,* § 7) ; *ḫpr m ḫꜣrt* « devenir une veuve » avec un jeu de mots entre *ḫꜣrt* « veuve »[109] et *ḫꜣrw* « Kharou, Syrie » ; *m ḥtpw* « (être) en paix » (voir cette même racine en 152) ; *wꜥf* « courber » (voir 119).

160-161) L'agent des constructions passives précédentes, laissé inexprimé jusqu'ici, est donné à la fin : le pharaon, avec le double titre[110], ce qui rend le passage très solennel.

[104] Ce verbe est une graphie récente de *fḫ* « dévaster, abîmer » (*Wb.* I,578,9-10 ; Lesko II,174 : *ḫfy* ; *KRI* IV,1,13).

[105] Au sens de réduire au calme, occuper : *Wb.* III,189,19 ; Meeks I,2891. Sur les rapports entre Hatti et Merneptah voir ci-dessous, § 9.

[106] Le mal réservé aux ennemis : *Wb.* I,444,6 ; *KRI* V,23,9 ; 63,14.

[107] Dit de villes et de personnes : *Wb.* I,90,20 ; Meeks III,0241. Le verbe *ỉnỉ* est dit de Ascalon, comme ici, en *KRI* II,166,2.

[108] Lit. « réduire à ce qui n'existe pas » : *Wb.* V,303,2 ; Meeks III,3409.

[109] L'image d'une veuve appliquée à un peuple se trouve aussi dans la Bible (p.e. Lam 1,1 ; Is 47,8 ; Jér 51,5).

[110] La copie de Karnak a : *ỉpt-swt, dỉ ꜥnḫ [wḏꜣ] snb ꜣwt-ỉb nb mỉ Rꜥ ḏt nḥḥ* « [en] Ipet-sut (le temple de Karnak), doué de toute vie, [prospérité et] salut comme Rê éternellement à toujours ». Ce qui précède est lacuneux.

6. La mention d'Israël

Ce qui est pour beaucoup de lecteurs le vers le plus intéressant de notre stèle (157), est aussi le plus discuté. Les problèmes à résoudre sont, d'abord, la lecture du texte : doit-on lire *Ysrɜr fk(w), bn prt.f,* en ignorant le petit *t* (Gardiner 1966, Sign-list X 1), ou bien *Ysrɜr, rmṯ.f kt, bn prt.f,* en prenant les signes qui suivent le nom d'Israël (boomerang + homme et femme assis + traits du pluriel : Gardiner 1966, Sign-list A 1) non pas comme déterminatif mais comme le mot *rmṯ* « peuple » (voir 99) ? Et encore, si ces signes-ci sont un déterminatif, quelle est leur signification par rapport à la façon de présenter Israël dans ce passage ?

Un autre problème est posé par le suffixe pronominal masculin singulier se référant à Israël, puisque les noms des nations étrangères, ainsi que les noms des villes et des provinces égyptiennes, sont traités normalement comme féminins en égyptien (Gardiner 1966, § 92)[111].

Fk (ou *fkɜ*), avec le déterminatif de l'oiseau mauvais (Gardiner 1966, Sign-list G 37), mais aussi le déterminatif du derrière d'animal et des jambes (Sign-list F 22 et D 54), est une variante de l'ancien *fɜk* « être rasé, chauve », bien attestée au sens de « être ruiné, désolé, vide » (*Wb.* I,579,14-580,2 ; Lesko I,192)[112], et se dit d'un pays (Égypte ou autre : *KRI* V,15,3 ; 21,9 ; 22,5) ; d'une ville, d'une terre ou d'un arbre (*KRI* V,29,4 ; 60,7 ; 83,14 ; pHarr I,27,12 ; 79,4) ; et encore des gens (T.Carn. 4[113] ; *KRI* V,24,10) et des magasins (pHarr I,28,9 ; Admon 6,4).

La lecture traditionnelle *Ysrɜr fk(w)* est donc bien fondée et donne un sens excellent. Israël est traité comme masculin dans la phrase suivante et partant le signe *t* qui accompagne le verbe doit être ignoré (« *t* superflu »)[114]. On peut ajouter que le verbe *fk* apparaît avec la phrase *nn prt-,* c.-à-d. comme dans notre passage, en *KRI* V,60,7-8 (voir ci-dessous, § 7).

---

[111] Tous ces problèmes sont discutés par Engel, qui, à ma connaissance, est le seul à traiter exhaustivement le sujet. Au contraire, la plupart des études affirment leurs différentes positions sans une véritable discussion. La proposition de Engel (suivant W. Spiegelberg) de lire « *ysyriɜr rmṯ.f kt bn prt.f* Israel — seine Leute sind wenig (geworden), sein Getreide ist nicht mehr » n'est pas acceptée, et justement, par les savants.

[112] Les formes différentes du déterminatif n'obligent pas à conclure qu'il ne s'agit pas du même verbe (contre Engel, 384-385, n. 40). Le sens transitif de *fk(ɜ),* supposé en *Wb.* I,280,2 pour Medinet Habou 27,21, n'est pas vraisemblable : le verbe est toujours intransitif ; voir Edgerton - Wilson, 23.

[113] Gardiner 1916b, 95-100 ; Helck 1975, 84.

[114] Černý - I. Groll - Eyre, § 12.3, p. 196, proposent un deuxième paradigme pour le vieux perfectif, avec une troisième personne singulier commun en *-tw.* Mais il serait le seul cas dans notre stèle. La graphie variable du néo-égyptien ne devrait pas justifier l'affirmation de Engel, « dass ein Verbum *fkt* bisher ein Hapax darstelle » (p. 384).

Que penser alors du déterminatif boomerang + homme + femme + traits du pluriel qui accompagne Israël, à la différence des autres noms géographiques voisins qui ont le déterminatif normal d'un pays ou peuple étranger : boomerang + région montagneuse (Gardiner 1966, Sign-list N 25) ? Ce problème ne cesse d'être discuté et différentes solutions ont été proposées, normalement dictées par des considérations historiques plutôt qu'internes au texte. En effet, si on considère la graphie de notre stèle, il semble qu'on ne peut pas voir dans le déterminatif un appui fort solide.

En effet, normalement le déterminatif complet d'un pays ou peuple étranger comprend : boomerang + homme + femme + traits du pluriel + région montagneuse (Gardiner 1966, Sign-list T 14). Or, dans notre stèle on ne trouve jamais le déterminatif complet. Par contre, on trouve boomerang + région montagneuse pour les noms suivants : Temehou (27), Meschvesch (28), Libye (29 ; 37 ; 57 ; 61 ; 108 ; 112), Tehenou (151), Hatti (152), Pa-Canaan-Gaza (153), Ascalon (154), Gezer (155), Yenoam (156), Kharou-Syrie (158). En deux endroits (63 et 125), le nom de Tehenou est suivi de homme + femme + traits du pluriel + région montagneuse. On voit donc que le même mot Tehenou est écrit de deux façons différentes : sans et avec homme + femme + traits du pluriel. Cela signifie, à mon avis, que le déterminatif des pays et peuples étrangers est plutôt inconstant[115] et que, par conséquent, on ne peut pas se baser sur sa forme pour affirmer, comme on le fait souvent, qu'Israël n'était pas encore complètement sédentarisée. On peut affirmer au maximum qu'Israël est visé dans notre texte comme peuple plutôt que comme territoire (voir § 7). Il reste toutefois le problème du genre masculin singulier d'Israël. On peut observer, à ce sujet, que le changement de genre par rapport à l'égyptien classique n'est pas sans parallèles en néo-égyptien (Erman 1933, § 131). D'ailleurs, Hatti est aussi traité comme masculin en 152 (sauf à vouloir sous-entendre la désinence *-tỉ* du vieux perfectif), de même que Yenoam en 156[116] et Syrie en 158. D'autre part, l'image de *ḫꜣrt* « veuve » appliquée à la Syrie laisse entendre que ce nom, et probablement tous les autres voisins, sont traités comme des singuliers, même si en d'autres endroits on les traite comme des pluriels (voir 29-36)[117].

[115] La même conclusion dérive de l'observation de la graphie des noms étrangers en d'autres inscriptions de Merneptah ; par exemple, les noms des Peuples de la Mer sont écrits avec le déterminatif boomerang + homme + traits du pluriel en *KRI* IV,4,1-2, tandis qu'avec boomerang + région montagneuse (une fois + homme + femme + traits du pluriel) en *KRI* IV,22,4.5.8. Voir aussi la note à *KRI* V,65,7-8 dans la section suivante.

[116] Malgré, selon la note de Kitchen, le signe *w* (Gardiner 1966, Sign-list G 43) est un peu mal fait (*KRI* IV,19, n. 5a).

[117] La solution selon laquelle Israël est identifiée comme une personne et définie par son ancêtre éponyme, solution proposée par Yurco, 190, n. 3 (lire « Helmut Engel » au lieu de « Helmut Engle »), et 211, ne me paraît pas probable, même si elle a été acceptée par Yoyotte, 112-113.

7. « Il n'a plus de descendance »

La dernière question posée par le vers concernant Israël est le sens de l'expression *bn prt.f.* Signifie-t-elle « sa semence (graine, céréale) n'existe plus », ou bien « son rejeton (descendance) n'existe plus » ? S'agit-il de la dévastation de sa campagne ou de sa population ? Les deux interprétations ont été proposées, ici non plus pas toujours pour des raisons purement textuelles[118].

Le terme *prt* a comme déterminatif un grain de sable (Gardiner 1966, Sign-list N 33) + les traits du pluriel. En d'autres passages le déterminatif est plus complexe, comprenant aussi la «charrue» (Sign-list U 13) ou la «mesure d'où le grain s'échappe» (Sign-list U 9-10). Le même terme *prt* peut désigner « ce qui sort » de la terre et « ce qui sort » d'une femme, c.-à-d. les produits ou les fils.

Dans les inscriptions de Ramsès III, on trouve plusieurs fois une phrase très semblable à celle employée pour Israël : « la *prt* de quelqu'un (d'un peuple, d'un chef étranger, ou de certaines villes) n'existe pas ». S'agit-il de « semence » au sens littéral ou de descendance ? En principe, le sens sera semence lorsqu'on parle d'une terre (*KRI* V,20,2) ou de villes (*KRI* V,60,7), descendance lorsqu'il est question de gens (*KRI* V,21,14 ; 24,13 ; 40,15 ; 65,8)[119]. Voici les textes.

a) *Prt* au sens de semence :

(*KRI* V,20,2) *d[ḫ].ỉ tȝ n Tmḥw, nn prt.sn* « J'ai abattu la terre de Temehou ; leur semence n'existe plus ».

(*KRI* V,60,6-7) *pȝ Mšwš ḏr-ʿ n gmt.f ỉw tfy m bw wʿ, tȝ.f ḥnʿ.f, hȝw ḥr Ṯḥnw ỉrw m ssfy, fḫ, kf nỉwt.w, nn prt.sn* « Le (chef de) Meschvesch, avant qu'il ne le voie (c.-à-d. le pharaon ?), se rassembla avec beaucoup d'audace en un seul lieu (littéralement : vint et sauta en un seul lieu), son pays avec lui ; il se jeta sur les Tehenou, qui furent réduits en cendres et dévastés, et leurs villes furent désolées, ils n'eurent plus de semence ».

b) *Prt* au sens de descendance :

(*KRI* V,21,13-14) *p(ȝ).n ʾImr m ssfy, n(n) prt.f* « le chef de (littéralement : celui de) Amor est réduit en cendres, il n'a plus de descendance ».

(*KRI* V,24,14) *nn prt.n* « Nous n'avons plus de descendance » (parole des Libyens).

---

[118] Il y en a même qui pensent au contrôle des naissances imposé par le pharaon selon la Bible (Ex 1,16) !

[119] Même si on pouvait toujours interpréter les textes au sens de descendance, en supposant un passage de la région aux habitants, comme le suggère *Wb.* I,531,2.

(*KRI* V,40,15) *nꜣ spr r tꜣš.i, (n)n prt.sn, ib.sn bꜣ.sn r skm nḥḥ ḏt* « Quant à ceux qui arrivent à mes frontières, ils n'ont plus de descendance, leurs coeurs et leurs âmes sont en train de périr éternellement et à toujours ».

(*KRI* V,65,7-8) *pꜣ tꜣ n Mšwš fḫ m sp wꜥ, Rbw Spdw*[120] *skskw, nn prt.sn* « La terre des Meschvesch a été dévastée en un seul coup ; les Libyens et les Sepdou ont été anéantis, ils n'ont plus de descendance ».

D'après ces attestations, la phrase « quelqu'un n'a plus de semence, ou de descendance » est attestée pour la première fois dans la Stèle d'Israël et elle paraît ensuite 6x dans les inscriptions de Ramsès III[121]. Avant cela, on ne trouve pas la phrase exacte, mais le fond. Par exemple, dans une louange de Ramsès II on lit : « Les rebelles ... ils entrent dans leur vallée comme les sauterelles, lorsque tu apportes le massacre dans leur place (pays) et que tu pilles leur semence (*prt.sn*) », ici donc au sens de céréales. Le même sens de céréales est attestée sous Séthy I, quelques années plus tôt, dans un contexte militaire : « (Séthy) auquel les Retenou (les habitants syro-palestiniens) viennent inclinés ... sur leurs genoux ; il jette la semence *(prt)* dans la terre de Hatti autant qu'il le désire, leurs chefs étant tombés à cause de son épée, étant devenus comme ce qui n'est plus » (*KRI* I,18,11-14).

Comment interpréter alors notre passage ? Le déterminatif qui accompagne Israël indique, après tout, que le nom est visé plutôt en tant que peuple qu'en tant que territoire, et partant le sens de descendance est préférable, même si une distinction de ce genre est bien mince.

8. Propagande et histoire : comparaison avec d'autres documents de Merneptah

Les autres documents de la campagne libyenne sont, comme on l'a annoncé au début, l'inscription de Karnak, la stèle d'Athribis et la colonne du Caire. Malheureusement les deux premiers documents sont très fragmentaires et il est difficile de saisir le développement du texte[122].

---

[120] La forme du déterminatif qui accompagne les noms des peuples est variable : les Meschvesch ont boomerang + région montagneuse seulement, tandis que les Libyens ont homme + femme + traits du pluriel + région montagneuse, et les Sepdou, boomerang + homme + femme + traits du pluriel, ces derniers exactement comme Israël dans notre stèle. Si ce n'était pas pour des raisons extérieures au texte, personne ne se serait demandé pourquoi Israël a ce déterminatif-là, comme personne ne se le demande ici.

[121] Voir encore : *ḫpš.k pꜣ nty r-ḥꜣt.i ḥr dḫ prt.sn* « c'est ton bras (Amon-Rê) qui est devant moi (Ramsès III) pour détruire leur descendance (des Peuples de la Mer) » (*KRI* V,36,8 ; Edgerton - Wilson, 48, pl. 44 :15).

[122] Schulman a contrôlé à nouveau les dix premières lignes de l'inscription de Karnak. Ce contrôle devrait continuer. Une analyse sommaire de toute l'inscription est donnée par Spalinger, 211-214.

Propagande et histoire ne s'excluent pas ; au contraire, elles sont normalement toutes les deux représentées dans les inscriptions historiques égyptiennes, mais chacune a ses propres formes verbales et sa phraséologie caractéristique[123]. À la différence de la Stèle d'Israël, dans les autres inscriptions nommées ci-dessus le style de la narration historique est bien présent et les faits de la campagne militaire sont racontés avec plus de détails. Dans mon commentaire de la stèle, j'ai cité plus haut les passages qui pouvaient aider à mieux comprendre le déroulement de l'histoire, autrement plutôt célébrée que racontée.

Les problèmes à résoudre pour interpréter correctement la stèle d'Israël sont d'ordre autant littéraire qu'historique. Avant d'amorcer l'aspect historique, il vaut la peine de considérer un parallèle qui peut éclairer l'aspect littéraire, c.-à-d. l'inscription sur la guerre de Merneptah contre la Nubie conservée en quatre exemplaires[124].

Cette inscription a un arrangement assez bizarre parce qu'elle présente, tout d'abord, un rapport militaire concernant une insurrection en Ouaouat (Nubie) en l'année 6, le premier mois de *akhet* (inondation), le premier jour (*KRI* IV,34,1)[125]. Ensuite, au lieu de raconter la réaction du pharaon et le déroulement de la campagne militaire contre les rebelles, l'inscription rappelle la victoire de Merneptah sur les Libyens en l'année 5, troisième mois de *shemou* (été), le premier jour (*KRI* IV,34,5-13), c.-à-d. la victoire dont il est question dans la Stèle d'Israël, et qui s'était passée à peu près deux mois plus tôt. L'inscription montre, après, que les princes asiatiques viennent du Retenou (Syrie-Palestine) pour demander la paix à cause de la victoire de Sa Majesté sur les rebelles nubiens.

Pour comprendre la corrélation entre la victoire sur les Nubiens (a), celle sur les Libyens (b) et la soumission des princes syro-palestiniens (c), on doit essayer d'interpréter correctement le texte, ce qui n'est pas facile. Voici ma traduction du corps de l'inscription (*KRI* IV,34,1-37,10) :

(a) On vint à dire à Sa Majesté : « Les ennemis de Ouaouat ont pénétré dans le sud ».

(b) Or, quand l'année 5, le troisième mois de *shemou* (été), le premier jour fut venu, lorsque l'armée puissante de Sa Majesté partit, le vil prince de Libye fut

[123] Sur les formes verbales de la narration historique vis-à-vis de celles du discours de propagande, voir plus haut (§ 1). L'étude la plus récente sur la question est Spalinger.

[124] La stèle du temple de Amada est donnée en *KRI* IV,1-2 et encore, avec quelques corrections, en *KRI* IV,33-37 avec les parallèles. Cette inscription est analysée, parmi beaucoup d'autres, en Spalinger. Une certaine similitude avec la partie finale de la Stèle d'Israël est signalée brièvement en Kaplony-Heckel, 546, n. h.

[125] Dans la copie de Amarah West seulement : *KRI* IV,33,6.

abattu. Il n'y eut pas de survivants parmi tous les gens de Libye[126]. Les femmes et tous les [...] furent emportés de leur terre (...) Le reste fut empalé à l'est de Memphis. Tous leurs biens furent dépouillés et emportés en Égypte.

(c) Ont demandé la paix *(šrm)* tous les princes, les chefs des ('ceux des') nations ayant été bouleversés à cause de la puissance de Sa Majesté, son cri de guerre étant dans leurs coeurs, et à cause de son nom (?). Ils <disent> :

(c ; a) « Si nous avons traversé le Retenou (Syrie-Palestine), c'est parce que le 'fauve terrifiant' (c.-à-d. le roi) s'est mis à l'envoyer[127], ce souffle brûlant de sa bouche[128], contre la terre de Ouaouat. Ils ont été dépouillés, au point qu'ils n'ont plus d'héritiers et ont été emportés en Égypte, outre le fait que leurs notables (?) ont été donnés au feu[129] devant leurs familles (?). Quant au reste, leurs deux mains ont été coupées à cause de leurs crimes ; à d'autres les oreilles ont été enlevées des (?) yeux et ils ont été emportés à Kousch, de tout ça ayant été faits des tas dans leurs villes. Kousch ne répétera pas la révolte pour l'éternité ! Misérable celui qui attaque (?) BAENRÊ AIMÉ D'AMON, le fils aîné de Seth [... ... ... »

(a ; c) (Les Nubiens disent ?) « ...] tu es venu[130] comme un lion, le ceinturon (*'gsw)* dans sa droite, debout (sur) le champ de bataille, aux extrémités de la terre à la recherche de l'ennemi de cette terre tout entière, pour empêcher qu'ils répètent la révolte encore une fois. La terreur de toi est entrée à l'intérieur de la terre, ô MERNEPTAH CONTENT DE LA MA'AT, image vivante de Rê. Tu as fait en sorte que tremblent les Neuf Arcs, les pays bas et les régions montagneuses de Retenou jusqu'à l'obscurité totale *(r-šȝ' kkw smȝw)*. Les a emportés BAENRÊ AIMÉ D'AMON avec le souffle de sa bouche, qu'il a tiré d'un seul coup. Par contre, il a défendu l'Égypte, il a protégé Ta-meri, tandis qu'il a négligé les Asiatiques. Il a fait en sorte que les *(n = nȝ ?)* terres de Hatti viennent sur leurs genoux comme des chiens. Quant à ceux qui ignorent l'Égypte, ils sont venus d'eux-mêmes par la force de son bras et la terreur de sa puissance, du fait qu'il a courbé les nations étrangères. C'est *(n = in)* son nom qui a mis les nations en paix. Il a fait en sorte que l'Égypte soit dans la joie, étant donné qu'il connaît ce qui est bon pour elle. »

La campagne nubienne, bien qu'elle soit au premier plan, n'est pas racontée en elle-même : ce sont d'abord les Asiatiques qui y font allusion en se référant aux échos qui leur en sont parvenus (c ; a). Ensuite, ce sont les

---

126 Littéralement : « Ils ne survécurent pas, c.-à-d. tous les gens de Libye ». L'expression « tous les gens de Libye » est une apposition qui spécifie le suffixe précédent ayant une fonction anticipatoire (Gardiner 1966, § 90). De même dans le paragraphe suivant (note à 'c ; a').

127 Je traduis de cette façon une construction marquée (phrase coupée), où la forme emphatique *i.ir.n* a la fonction de sujet (élément donné), tandis que la construction pseudoverbale *pȝ mȝi-ḥsȝ ḥr hȝb.f* est le prédicat (élément nouveau ou vedette).

128 Apposition du pronom suffixe qui précède (voir ci-dessus).

129 Littéralement : « le feu a été lancé contre leurs notables ».

130 Dans la copie d'Amarah West seulement : *KRI* IV,36,6.

Nubiens qui, plutôt que de la raconter, commentent la terreur répandue parmi les ennemis de l'Égypte, notamment les Asiatiques, y compris Hatti (a ; c).

Les Asiatiques « ont demandé la paix » et ont traversé le Retenou à la suite de la retentissante victoire de Merneptah sur les Libyens. C'est pour montrer cela que la nouvelle de cette victoire est mentionnée par le scribe après l'annonce de la révolte en Nubie (b). À noter que la soumission des Asiatiques (c) n'est pas présentée comme la conséquence d'une campagne militaire contre eux. Au contraire, « ils sont venus d'eux-mêmes par la force de son bras et la terreur de sa puissance, du fait qu'il a courbé les nations étrangères », comme le disent les Nubiens (a ; c).

On parle donc d'une campagne militaire contre la Libye, à la suite de laquelle tous les chefs asiatiques sont venus spontanément pour demander la paix. Dans leur discours les Asiatiques se réfèrent à la victoire du pharaon sur les Nubiens. On parle également d'une campagne militaire contre la Nubie, à la suite de laquelle les Nubiens glorifient le pharaon et se réfèrent aussi à la soumission des Asiatiques et de tous les ennemis de l'Égypte.

De pareille façon on peut expliquer un passage, malheureusement lacuneux, de l'inscription de Karnak sur la campagne libyenne, où apparaît le nom de Kousch. Dans son discours à la cour des Trente, Merneptah déclare que, probablement à la suite de sa victoire, « [les princes étrangers viennent ?] en serviteurs de la résidence de leurs villes et Kousch également apporte ses tributs » (*KRI* IV,9,15).

On le voit : la chose la plus importante n'est pas la description de la campagne militaire, mais la propagande, ce qui dans la stèle d'Israël se dit « raconter ses victoires dans toutes les terres, faire en sorte qu'ensemble chaque terre connaisse, faire voir la beauté dans ses exploits » (8-10)[131].

L'inscription sur la campagne nubienne mentionne soit des noms géographiques spécifiques (Ouaouat, Libye, Retenou[132], Hatti), soit des noms ethniques désignant les ennemis de l'Égypte en général (les Neuf Arcs, les Asiatiques, « ceux qui ignorent l'Égypte »). La stratégie consiste à passer d'une campagne militaire spécifique à un horizon universel. On a plusieurs fois remarqué, dans la partie initiale de l'inscription, le titre de Merneptah « dompteur de Gezer » (*KRI* IV,33,9). Mais ce n'est pas le seul titre de Merneptah incluant un terme géographique ; on trouve aussi « dévastateur de la Libye » (IV,33,13), « lion contre Kharou » (IV,33,14/34,1) et « taureau

---

[131] On constate dans notre inscription un emploi littéraire et rhétorique des données historiques. Toutefois, cette situation ne justifie pas une méfiance de principe à l'égard de sa valeur historique. Comparer les remarques quelque peu alarmées de Spalinger, 14 ; et aussi : A.A. Youssef, *ASAE* 58 (1964) 273-280 ; Kitchen 1977, 213-225.

[132] À noter : « les pays bas et les régions montagneuses *(tꜣw ḫꜣswt)* de Retenou » (*KRI* IV,37,1 ; *Wb.* V,220,5).

puissant contre Kousch » (IV,34,1). Or, ces quatre termes géographiques pourraient désigner les quatre points cardinaux, respectivement Gezer l'est, Libye l'ouest, Kharou le nord et Kousch le sud. Ce qui contribuerait à donner une dimension cosmique aux victoires de Merneptah sur les Libyens et les Nubiens.

Bref : on établit une liaison entre une campagne militaire spécifique (contre la Nubie ou contre la Libye) et la pacification universelle, incluant l'Asie et notamment Hatti ; les princes asiatiques « demandent la paix », avec le verbe *šrm ;* la pacification de l'Asie n'est pas liée à une campagne militaire dans cette région.

9. Valeur historique

Il ressort de l'analyse précédente que la présentation d'Israël dans la stèle de Merneptah n'aurait rien de spécial pour frapper l'attention du lecteur, si ce n'était à cause de la Bible. Dans la perspective de la stèle, Israël est un peuple parmi les autres de la région syro-palestinienne, qui a été dévastée par la puissance égyptienne.

Il est toutefois remarquable qu'Israël soit nommé ici pour la première fois dans un document égyptien à côté de villes et de nations traditionnelles. Ce n'est certainement pas un hasard qu'à côté d'Israël Moab soit aussi mentionné pour la première fois dans les documents égyptiens au temps de Ramsès II, père de Merneptah, ainsi que Edom sous Merneptah lui-même[133] .

Un autre fait semble important pour que l'on ait une perspective historique de la période : le mouvement des « Peuples de la mer » (*nꜣ ḫꜣswt n pꜣ ym : KRI* IV,8,9)[134], provenant des îles de la Méditerranée. Dans les inscriptions concernant la campagne libyenne de Merneptah, dont il est question aussi dans la Stèle d'Israël, on lit que Mery, le chef des Rebou , non seulement s'était allié par la force quelques tribus de la région (on mentionne les Temehou, les Meschvesch et les Kehek)[135], mais avait aussi à ses ordres cinq « Peuples de la mer » : les Akawasha (Achéens), les Toursha (Tyrsenoi, Étrusques), les Louka (Lyciens), les Sherden (habitants de la Sardaigne) et les Shekresh ou Sheklesh (Sicules).

---

133 Kitchen, *JEA* 50, 1964, 49-50. Voir aussi la bibliographie donnée par Lemaire, 271, n. 266.

134 Consulter Wainwright ; Barnett, ch. XXVIII ; Helck 1971, 224-234 ; Lemaire, 226-228 (les Sicules seraient les Tjekker, suivant A.F. Rainey).

135 On mentionne la force au moins pour les Temehou : « (On annonça) Le vil chef du pays de Libye Mery, fils de Dedy, a envahi le pays de Temehou avec son armée » (*KRI* IV,3,15-16). La liste des alliés se trouve en différents passages, malheureusement assez lacuneux, de l'inscription de Karnak (*KRI* IV, 2,13-14 ; 3,15-4,2 ; 8,8-9,8), la stèle d'Athribis (*KRI* IV,22,8-12) et dans la colonne d'Héliopolis (*KRI* IV,38,3-4).

Les savants pensent que les îles de la mer Méditerranée furent une étape intermédiaire dans un mouvement de peuples originaires du sud-ouest de l'Anatolie. Une grande famine dévasta le Croissant fertile au XIIIe s. av. J. C. Ce phénomène fut accompagné ou causé par d'importants renversements politiques, qui finalement provoquèrent la fin de l'Empire hittite et de Ougarit, dévastèrent la côte méditerranéenne et donnèrent un coup sérieux à la domination égyptienne en Asie.

Le groupe qu'affronta Merneptah constitua la première vague des Peuples de la Mer qui s'abattit sur l'Égypte. Une deuxième vague, encore plus forte, fut arrêtée une soixantaine d'années plus tard par Ramsès III (ca 1182-1151). Dans cette deuxième vague on trouve quelques peuples nouveaux, notamment les Peleset (Philistins), qui devaient s'installer sur la côte de Canaan en même temps que les Israélites. En effet, dans la période turbulente entre la fin du long règne de Ramsès II et le règne de Merneptah, on peut situer l'exode biblique et l'établissement d'entités nationales nouvelles dans la Syrie-Palestine, comme les Philistins, les Israélites, les Moabites et les Édomites.

Dans cette même période, avant l'avènement de Merneptah et jusqu'aux premières années de son règne, les Libyens constituèrent une menace constante pour le Delta occidental. Selon la présentation de Merneptah lui-même, ils étaient les maîtres incontestés de la région. On peut supposer, dès lors, que les cinq Peuples de la Mer, une fois arrivés sur la côte africaine, se soient alliés aux Libyens et aient essayé, avec leur aide, de s'installer en Égypte[136].

Il est improbable qu'à cette coalition anti-égyptienne aient pris part quelques peuples asiatiques, ou qu'il y eût une attaque provenant de Canaan, comme certains l'ont supposé en s'appuyant sur la partie finale de la Stèle d'Israël[137]. Il est vrai que l'inscription de Karnak sur la campagne libyenne parle de Hatti (Hittites) dans un passage, malheureusement lacuneux, du discours de Merneptah à sa cour (*KRI* IV,5,3), mais rien ne permet de placer Hatti parmi les révoltés. Plutôt, le pharaon semble vouloir opposer son attitude bienfaisante envers ses propres alliés dans la présente période de famine, à l'attitude du chef libyen Mery, qui conduisit son peuple et ses alliés

---

[136] Il est bien possible que les Libyens n'aient pas eu l'intention de s'installer en Égypte, comme l'affirme Osing, 1022, contrairement à l'opinion commune, mais cette intention est probable pour les Peuples de la Mer. Pour l'histoire successive voir Jansen-Winkeln.

[137] M. Bietak, en : *Bibl. Arch. Today* 1985, 216, affirme qu'il n'est pas probable que les forces libyennes aient pénétré jusqu'au Delta oriental et que, partant, c'étaient les Peuples de la Mer qui agissaient dans cette partie de l'Égypte au temps de Merneptah. Mais, comme on l'a vu plus haut (commentaire de 1), la bataille eut lieu dans le Delta occidental, tandis que l'occupation du territoire avait atteint la région d'Héliopolis et de Memphis.

à la débâcle. Sans doute, l'acte humanitaire de Merneptah avait un but politique : soutenir Hatti, allié de l'Égypte depuis le temps de son père Ramsès II (ca 1270), pour qu'il puisse résister aux turbulents peuples de sa région (« Peuples de la Mer »)[138].

Une campagne militaire de Merneptah en Asie, dont l'historicité était autrefois mise en doute, est aujourd'hui généralement admise par les savants[139]. Elle s'accorderait bien avec la partie finale de la Stèle d'Israël, mais tous les arguments sur lesquels elle est fondée trouvent quelques adversaires sérieux. Tout d'abord, il est difficile, selon Redford (Redford 1986), de la situer dans un délai quelconque au cours des quatre premières années du règne de Merneptah, étant donné qu'elle aura dû précéder la campagne libyenne. Deuxièmement, les arguments de F. Yurco, qui attribue à Merneptah les bas-reliefs de Karnak (sur la face extérieure occidentale de la « Cour de la Cachette »), ont été critiqués par le même Redford, bien qu'ils aient été acceptés plutôt sans discussion par la plupart des savants[140]. Redford a aussi noté, troisièmement, que le titre de Merneptah « dompteur de Gezer », qui est probablement l'argument le plus sérieux en faveur de la campagne asiatique, se trouve associé dans la stèle d'Amada avec d'autres titres qui sont généraux : « lion contre Kharou » et « taureau puissant contre Kousch » ; et, quatrièmement, que les objets datés du règne de Merneptah trouvés dans les fouilles en Syrie-Palestine peuvent être simplement des indices de relations pacifiques[141].

À la lumière de l'analyse, présentée plus haut, de l'inscription concernant la campagne nubienne de Merneptah, je pense qu'il n'est pas nécessaire de forcer l'évidence. La soumission des chefs étrangers,

---

138 En général, consulter Helck1977.

139 Le cadre des positions anciennes est donné par Engel, 377-383. Voir plus récemment Yoyotte, 223-226.

140 De l'identification, faite par Yurco, d'un de ces bas-reliefs anonymes avec la bataille contre Israël on a tiré des conclusions qui, franchement, dépassent leurs prémisses : les Israélites n'habitaient pas une ville, parce que la scène montre la campagne ouverte ; ils possédaient des chars du type cananéen à six rayons ; leur vêtement était une longue robe typique des habitants des villes de Canaan et ils étaient donc différents des bédouins Shasou, dont parlent les documents égyptiens, et avec lesquels certains savants aujourd'hui les associent. Les discussions, plus ou moins compétentes, se sont multipliées à ce sujet. Je me dispense de répéter la bibliographie, qui est donnée dans les oeuvres citées plus haut. On a même eu recours aux bas-reliefs de Karnak pour prouver que, finalement, les Israélites étaient issus de la société cananéenne et non pas venus de l'extérieur comme le montre la tradition biblique. Voir une critique solide en Kempinski.

141 Tout autre conviction et certitude dans l'affirmation suivante : « As is well known, the earliest extra-biblical reference to Israel is to be found in the coda section of the Merneptah Stela which briefly summarizes the pharaoh's campaign in Palestine in his fifth year (1208) » (Ahlström - Edelman, 59).

notamment asiatiques, dont il est question dans la partie finale de la Stèle d'Israël, peut bien être comprise comme une conséquence de la victoire sur les Libyens et sur les Peuples de la Mer. On aperçoit, dans la Stèle d'Israël comme dans les inscriptions analysées plus haut (§ 8), une transition de la victoire locale à la pacification internationale. C'est bien là le but essentiel de la partie finale.

À propos des noms géographiques de cette partie finale, les savants sont divisés : les uns pensent que la liste n'a aucun ordre, les autres y voient une composition artistique. Un problème à résoudre est la signification du nom *pꜣ Knʿn :* désigne-t-il la région de Canaan, ou Gaza, la ville capitale de Canaan, dite « Pa-Canaan »[142] ? Dans le dernier cas, qui est préférable, l'ordre est le suivant : 2x tous/ les Neuf Arcs (149-150) - 2x nations/ peuples (Tehenou, Hatti) - 4x villes (Pa-Canaan/ Gaza, Ascalon, Gezer, Yenoam) - 2x nations/ peuples (Israël, Kharou) - 2x tous (159-160)[143].

Du point de vue géographique, la mention de Tehenou, la Libye, a la fonction non seulement de récapituler le sujet de l'inscription jusqu'à ce point, mais aussi de désigner l'ouest. Hatti peut alors bien désigner l'est. De plus, si Pa-Canaan est Gaza, on obtient un groupe de trois noms : Gaza, Ascalon, Gezer, qui indiquerait la région de la plaine côtière, le long de l'ancienne « Via Maris » (correspondant, dans sa partie méridionale, à la « Route de Horus » selon la terminologie égyptienne) et le long de la route qui, de la Shefela, montait à la région de la montagne centrale et de Jérusalem. L'autre groupe de noms, comprenant Yenoam, Israël et Kharou, peut désigner le territoire intérieur de la Syrie-Palestine.

La liste vise, dès lors, le Croissant fertile à partir de la Libye jusqu'à la Syrie-Palestine et à Hatti, tandis qu'elle ignore le Kousch[144]. C'est la partie de l'Empire égyptien intéressée par le mouvement des Peuples de la Mer et

---

142 La ville, et non pas la région, est visée dans la plupart des cas où l'on trouve *pꜣ Knʿn* (Giveon 1977).

143 Ahlström - Edelman ont proposé l'ordre suivant : A - A' (les ennemis de l'Égypte) les princes (149) - quiconque (160) ; B - B' (la Syrie - Palestine) Hatti - Kharou ; C - C' (la Palestine) Canaan - Israël ; D - D' - D'' (trois villes-états) Ascalon - Gezer - Yenoam. À cause de son parallélisme avec Canaan, qui désignerait la plaine côtière et la basse région avoisinante, Israël désignerait la région montagneuse. Selon ces auteurs, Canaan et Israël pourraient aussi bien être plus ou moins synonymes. Mais, évidemment, cette conclusion ne s'impose pas si Pa-Canaan est Gaza. D'autres opinions sur l'ordre des noms sont présentées en Engel, 388-389.

144 À la différence de l'inscription de Karnak sur la même campagne libyenne (*KRI* IV,9,15), comme on l'a noté plus haut (§ 8). On a encore noté que, dans l'inscription sur la campagne nubienne, Gezer indiquait l'est, Libye l'ouest, Kharou le nord et Kousch le sud.

par l'instabilité qui en découlait[145]. Il est tout à fait remarquable que la Syrie-Palestine ne soit pas indiquée seulement par le nom traditionnel de Kharou, mais aussi par un nom nouveau : Israël.

La mention de Gaza, Ascalon et Gezer révèle un intérêt spécial pour la route et la zone côtières de la Palestine. Le processus d'égyptianisation de cette région, selon les rares sources littéraires et selon les fouilles, s'est produit sous les rois ramessides de la XIXe et de la XXe dynastie, en particulier Séthy I, Ramsès II, Merneptah et Ramsès III.

En ce qui concerne les villes mentionnées dans la Stèle d'Israël, Gaza a été une base égyptienne dès l'antiquité et probablement le point de départ du processus d'égyptianisation de la zone côtière au temps des ramessides. La ville-état d'Ascalon, qui n'est pas mentionnée dans les sources anciennes parmi les installations militaires le long de la voie côtière, ou « Via Maris », fut conquise probablement par Ramsès II, ainsi que Gezer[146]. Celle-ci était une ville importante pour son emplacement près de la « Via Maris » et de la route conduisant à la montagne centrale et à Jérusalem[147]. Finalement, la mention de Yenoam, une ancienne ville-état cananéenne, manifeste un intérêt pour le nord de la Palestine. En effet Yenoam, à localiser selon les savants près du lac de Tibériade ou près du Yarmouk[148], était une place forte sur la route qui de la côte traversait vers l'intérieur jusqu'à Damas[149].

La région palestinienne n'est donc pas indiquée d'une façon générale mais par des noms précis, à l'exception peut-être de Hatti. Comme on l'a déjà

---

145 Sur les traces des Peuples de la Mer en Palestine au XIIIe siècle consulter Dothan. Pour Bietak l'invasion des Peuples de la Mer sous Ramsès III marqua la fin de l'administration égyptienne en Canaan.

146 Redford 1986 soutient la conquête d'Ascalon et de Gezer par Ramsès II, tandis que la majorité des savants ont accueilli l'opinion de Yurco, selon lequel l'opération a été l'oeuvre de Merneptah.

147 Voir Singer. L'intérêt que les Égyptiens avaient à contrôler la route vers la montagne centrale trouve un appui pour beaucoup de savants sur un passage célèbre du papyrus Anastasi III (vs. 6,4-5) qui parle des « sources de Merneptah content de Maʿat – vie, prospérité et salut ! – qui sont (sur) les collines ». Comme cette indication peut difficilement concerner la route côtière, on a suggéré depuis longtemps d'identifier « la source des eaux de *Neptoaḥ* » de Jos 15,9 et 18,5, près de Jérusalem, avec les sources de papyrus Anastasi III (*Neptoaḥ* serait alors une transformation de Merneptah). Cette identification est très répandue, même si elle est critiquée par certains : voir Krauss, 74, n. 13. En tout cas, l'intérêt pour la zone de Jérusalem semble confirmé par quelques restes égyptiens dans l'emplacement de l'École Biblique, datables de l'époque ramesside.

148 Voir notamment Singer et Giveon 1980.

149 La route impériale Acre-Tibériade-Capharnaüm-Damas, dont on a retrouvé une pierre milliaire à Capharnaüm (Corbo - Loffreda 1976, 273-276), pouvait bien suivre un ancien tracé. Il est intéressant de signaler qu'à Capharnaüm on a retrouvé un scarabée hyksos, même si hors de contexte (Corbo - Loffreda 1985, 387-388, fig. 5,7).

noté, Hatti se trouvait à ce moment-là dans un très mauvais état socio-politique et avait été assistée par Merneptah avec l'envoi de céréales. Sa « pacification » (152) n'exige donc pas un affrontement militaire, ce qui semble être au contraire le cas de la Palestine.

Mais doit-on envisager une véritable campagne militaire à partir de l'Égypte, en présence ou en absence de Merneptah, ou seulement quelques affrontements locaux, menés par les garnisons égyptiennes stationnées dans certaines villes le long de la « Via Maris » et avec l'appui éventuel de groupes pro-égyptiens indigènes ? Cette deuxième solution a pu être suffisante à Merneptah pour restaurer le contrôle instauré par son père, contrôle qui pouvait s'être relâché dans les dernières années de Ramsès II et les premières années de Merneptah lui-même pendant l'invasion libyenne du delta. D'autre part, le renom de la victoire contre la Libye et peut-être aussi la peur de devenir la proie des Peuples de la Mer, auront pu encourager la soumission des villes cananéennes placées le long des grandes routes de communication en Asie.

Dans cette optique, la soumission des peuples syro-palestiniens fut le résultat de la campagne libyenne, comme c'est le cas dans l'inscription sur la campagne nubienne de Merneptah examinée plus haut (§ 8), et il ne semble pas nécessaire de supposer pour elle une date antérieure à la campagne libyenne.

Le problème le plus délicat reste, naturellement, la relation entre l'"Israël » de Merneptah et l'Israël de la Bible. Après que toutes les solutions et leur contraire ont été proposées dans le passé[150], le peu qu'on puisse dire aujourd'hui est que l'Israël de Merneptah était déjà installé en Canaan. Selon les indications de la Bible, comme selon les fouilles et les explorations de surface, « Israël », ou plutôt des clans israélites étaient installés dans la montagne d'Éphraïm autour de Sichem, un emplacement qui pourrait bien convenir à l'Israël de Merneptah[151].

---

150 Engel, 389-399.

151 Une synthèse récente des données archéologiques, littéraires, historiques et épigraphiques est donnée par Lemaire. Le nom « Israël » dériverait de Asriel, le clan le plus important parmi ceux qui sortirent de l'Égypte. « De façon plus précise, le clan Asriel était situé au coeur de la montagne d'Éphraïm, autour de Yasuf, ville située à huit kilomètres seulement de Silo, et le nom du clan, écrit *'aśrī'ēl* dans le texte massorétique et *šr'l* dans les ostraca 42 et 48 de Samarie, peut être rapproché du nom «Israël», écrit *sir-'i-la-a-a* dans le texte akkadien du monolithe de Salmanazar III, *y-si-r-i'-r* dans la stèle de Merneptah, *yšr'l* dans la stèle de Mésha et *yiśrā'ēl* dans le texte massorétique » (p. 245). À ce groupe des « Benê Israël » venu de l'Égypte se serait associé le groupe des « Benê Jacob » d'origine araméenne. Selon une autre opinion, celle de Ahlström, Israël serait à l'origine le nom de la région montagneuse centrale de la Palestine, dans laquelle se réfugièrent des groupes

Cet Israël peut être sorti de l'Égypte, probablement en vagues différentes et dans un délai assez long (les « quarante ans » de la tradition biblique), entre les dernières années de Ramsès II et le commencement de Merneptah, en profitant des désordres dans le Delta causés par les Libyens et les Peuples de la Mer.

Références

Ahlström G.W. Ahlström, *Who Were the Israelites ?*, Winona Lake 1986.

Ahlström - Edelman G.W. Ahlström - D. Edelman, « Merneptah's Israel », *JNES* 44 (1985) 59-61.

Andreu G. Andreu, « Polizei », dans *LÄ* IV (1982) 1068-1071.

ARE III J.H. Breasted, *Ancient Records of Egypt*, III, Chicago 1906.

Avishur Y. Avishur, *Stylistic Studies of Word-Pairs in Biblical and Ancient Semitic Literatures*, Neukirchen-Vluyn 1984.

Bakry H.S.K. Bakry, « The Discovery of a Temple of Merenpta˙ at On », *Aeg* 53 (1973) 3-21.

Bally C. Bally, *Linguistique générale et linguistique française*, 2e éd., Berne 1944.

Barker K.L. Barker, « Proverbs 23 :7—'To Think' or 'To Serve Food' ? », *JANES* 19 (1989) 3-8.

Barnett R.D. Barnett, « The Sea Peoples », in : I.E.S. Edwards - C.J. Gadd - N.G.L. Hammond, ed., *The Cambridge Ancient History*, vol. II, rev. ed., Cambridge 1969

Bibl. Arch. Today 1985 *Proceedings of the International Congress on Biblical Archaeology, Jerusalem, April 1984*, Jerusalem 1985.

Bibl. Arch. Today 1993 *Proceedings of the International Congress on Biblical Archaeology, Jerusalem, 1990*, Jerusalem 1993.

Bietak M. Bietak, « The Sea Peoples and the End of the Egyptian Administration in Canaan », dans *Bibl. Arch. Today* 1993, 292-306.

Blumenthal *et al.* E. Blumenthal *et al.* (ed.), *Urkunden der 18. Dynastie*. Übersetzung der Heften 5-16, Berlin 1984.

Brunner 1954 H. Brunner, « Das hörende Herz », *TLZ* 79 (1954) 697-700.

Brunner 1973 H. Brunner, « Zeichendeutung aus Sternen und Winden in Ägypten », dans : H. Gese - H. P. Rüger (éd.), *Wort und Geschichte*. Festschrift für Karl Elliger zum 70. Geburtstag, Kevelaer - Neukirchen-Vluyn 1973, 25-30.

Brunner 1977 H. Brunner, « Herz », dans *LÄ* II (1977) 1158-1168.

---

différents à la suite des guerres entre Hittites et Égyptiens et de l'invasion des Peuples de la Mer. Cette opinion a été critiquée notamment par Kempinski.

Černý - I. Groll - Eyre J. Černý - S. Israelit Groll - C. Eyre, *A Late Egyptian Grammar*, 3 ed., Rome 1984.

Corbo - Loffreda 1976 V. Corbo - S. Loffreda, « Sarcofago e pietra miliare di Cafarnao », *LA* 26 (1976) 272-276.

Corbo - Loffreda 1985 V.C. Corbo - S. Loffreda, « Resti del Bronzo Medio a Cafarnao. Relazione preliminare alla XVIII campagna », *LA* 35, 1985, 375-390.

Doret É. Doret, *The Narrative Verbal System of Old and Middle Egyptian*, Genève 1986.

Dothan M. Dothan, « Archaeological Evidence for Movements of the Early 'Sea Peoples' in Canaan », *AASOR* 49 (1989) 59-70.

Edgerton - Wilson W.F. Edgerton - J.A. Wilson, *Historical Records of Ramses III*. The Texts in Medinet Habu, I-II, Chicago 1936.

Eggebrecht A. Eggebrecht, « Bilbeis », dans *LÄ* I (1975) 793.

Engel H. Engel, « Die Siegesstele des Merenptah. Kritischer Überblick über die verschiedenen Versuche historischer Auswertung des Schlussabschnitts », *Bibl* 60 (1979) 373-399.

Englund - Frandsen G. Englund - P.J. Frandsen (éd.), *Crossroad : Chaos or the Beginning of a New Paradigm*. Papers from the Conference on Egyptian Grammar, Helsingør 28-30 May 1986, København 1987.

Erman 1923 A. Erman, *Die Literatur der Ägypter*, Leipzig 1923.

Erman 1933 A. Erman, *Neuägyptische Grammatik*, 2 ed., Leipzig 1933 ; repr., Hildesheim 1968.

Faulkner R.O. Faulkner, *A Concise Dictionary of Middle Egyptian*, Oxford 1962 ; corr. 1972

Fecht G. Fecht, « Die Israelstele, Gestalt und Aussage », dans Görg, 106-138.

Fischer-Helfert H.-W. Fischer-Helfert, *Die satirische Streitschrift des Papyrus Anastasi I*. Übersetzung und Kommentar, Wiesbaden 1986.

Gardiner 1916a A.H. Gardiner, *Notes on the Story of Sinuhe*, Paris 1916.

Gardiner 1916b A.H. Gardiner, « The Defeat of the Hyksos by Kamöse : The Carnavon Tablet, No. 1 », *JEA* 3 (1916) 95-110.

Gardiner 1932 A.H. Gardiner, *Late Egyptian Stories*, Bruxelles 1932.

Gardiner 1937 A.H. Gardiner, *Late-Egyptian Miscellanies*, Bruxelles 1937.

Gardiner 1947 A.H. Gardiner, *Ancient Egyptian Onomastica*. Text, I-II, I-III, Oxford 1947.

Gardiner 1966 A. Gardiner, *Egyptian Grammar*, London 1966.

Giveon 1977 R. Giveon, « Gasa », dans *LÄ* II (1977) 381-383.

Giveon 1980 R. Giveon, « Januammu », dans *LÄ* III (1980) 244-245.

Görg M. Görg (éd.), *Fontes atque Pontes*. Eine Festgabe für Hellmut Brunner, Wiesbaden 1983.

Grapow 1939-1943	H. Grapow, *Wie die Alten Ägypter sich anredeten, wie sie sich grüßten und wie sie miteinander sprachen*, I-IV, Berlin 1939-1943.
Grapow repr. 1983	H. Grapow, *Die bildlichen Ausdrücke des Ägyptischen*, Darmstadt, repr. 1983.
Gray	J. Gray, *The Legacy of Canaan*. The Ras Shamra Texts and Their Relevance to the Old Testament, 2 ed., Leiden 1965.
Grevisse	M. Grevisse, *Le bon usage*, 2e éd., Paris-Gembloux 1986.
Grimal	N.-C. Grimal, *Études sur la propagande royale égyptienne*. I, La stèle triomphale de Pi(‘ankh)y au Musée du Caire (JE 48862 et 47086-47089), Le Caire 1981.
Gutbub	A. Gutbub, « La tortue, animal cosmique bénéfique à l'époque ptolémaïque et romaine », dans *Hommages à la mémoire de Serge Sauneron, 1927-1979*, I, Le Caire 1979, 391-435.
Helck 1971	W. Helck, *Die Beziehungen Ägyptens zu Vorderasien im 3. und 2. Jahrtausend v.Chr.*, 2 ed., Wiesbaden 1971.
Helck 1975	W. Helck, *Historisch-biographische Texte der 2. Zwischenzeit und neue Texte der 18. Dynastie*, Wiesbaden 1975.
Helck 1977	W. Helck, « Hethiter und Ägypter », dans *LÄ* II (1977) 1176-1178.
Hornung	E. Hornung, « Die Israelstele des Merenptah », dans Görg, 224-233.
Jansen-Winkeln	K. Jansen-Winkeln, « Der Beginn der libyschen Herrschaft in Ägypten », *BN* 71 (1994) 78-97.
Kaplony-Heckel	U. Kaplony-Heckel, « Ägyptische historische Texte », dans O. Kaiser (éd.), *Rechts- und Historisch-chronologische Texte*. Historisch-chronologische Texte III, Gütersloh 1985.
Kempinski	A. Kempinski, « How Profoundly Canaanized were the Early Israelites ? », *ZDPV* 108 (1992) 1-7.
Kitchen 1977	K. Kitchen, « Historical Observations on the Ramesside Nubia », dans E. Endesfelder (éd.), *Ägypten und Kusch*. Fs. F. Hintze, Berlin 1977, 213-225.
Kitchen 1990	K.A. Kitchen, « The Arrival of the Libyans in the Late New Kingdom in Egypt », dans A. Lehay (éd.), *Libya and Egypt ca1300-750 BC*, London 1990, 15-27.
Korostovtsev	M. Korostovtsev, *Grammaire du néo-égyptien*, Moscou 1973.
Krauss	R. Krauss, « Merenptah », dans *LÄ* IV (1982) 71-76.
KRI I-VIII	K.A. Kitchen, *Ramesside Inscriptions : Historical and Biographical*, I-VIII, Oxford, 1975-1982.
LÄ	*Lexikon der Ägyptologie*, éd. W. Helck - E. Otto, I-VII, Wiesbaden 1975-1992.
Lalouette	C. Lalouette, *Textes sacrés et textes profanes de l'ancienne Égypte*, Paris 1984.

Laperrousaz	E.-M. Laperrousaz (éd.), *La protohistoire d'Israël*. De l'exode à la monarchie, Paris 1990.
Lefebvre	G. Lefebvre, *Grammaire de l'égyptien classique*, Le Caire 1940.
Lemaire	A. Lemaire, « Aux origines d'Israël : la montagne d'Ephraïm et le territoire de Manassé », dans Laperrousaz, 183-292.
Lesko I-V	L. H. Lesko, *A Dictionary of Late Egyptian*. Barbara Switalski Lesko, Collaborating Editor, I-V, Berkeley 1982-1990.
Lichtheim I-III	M. Lichtheim, *Ancient Egyptian Literature. A Book of Readings*, I-III, Berkeley-Los Angels-London 1973-1980.
Meeks I-III	D. Meeks, *Année lexicographique*, I-III, Paris 1980-1982.
Niccacci 1980	A. Niccacci, « Su una formula dei 'Testi dei Sarcofagi' », *LibAn* 30 (1980) 197-224.
Niccacci 1981	A. Niccacci, « Siracide 6,19 e Giovanni 4,36-38 », *BeO* 23 (1981) 149-153.
Niccacci 1982a	A. Niccacci, « Egitto e Bibbia sulla base della stele di Piankhi », *LA* 32 (1982) 7-58
Niccacci 1982b	A. Niccacci, « Su una nuova edizione della stele di Piankhi », *LibAn* 32 (1982) 447-460.
Niccacci 1986	A. Niccacci, « Sullo sfondo egiziano di Esodo 1-15 », *LibAn* 36 (1986) 7-43.
Niccacci 1990	A. Niccacci, *The Syntax of the Verb in Classical Hebrew Prose*, Sheffield 1990.
Niccacci 1991	A. Niccacci, *Lettura sintattica della prosa ebraico-biblica*. Principi e applicazioni, Jerusalem 1991.
Osing	J. Osing, « Libyen, Libyer », dans *LÄ* III (1980) 1015-1033.
Peruzzi	E. Peruzzi, « Su un passo oscuro della stele di Israel », dans *Homenaje a Millás-Vallicrosa*, II, Barcelona 1956.
Polotsky 1929	J. Polotsky, *Zu den Inschriften der 11. Dynastie*, Leipzig 1929.
Polotsky 1944	H.J. Polotsky, *Etudes de syntaxe copte*. Première étude : La forme dite «finale» ; Deuxième étude : Les temps seconds, Le Caire 1944 (= *Collected Papers*, Jerusalem 1971, 102-124 ; 125-207).
Polotsky 1965	H.J. Polotsky, « Egyptian Tenses », *The Israel Academy of Sciences and Humanities* 2 (1965) 1-25.
Polotsky 1976	H.J. Polotsky, « Les transpositions du verbe en égyptien classique », *Israel Oriental Studies* 6 (1976) 1-50.
Redford	D.R. Redford, « The Ashkelon Relief at Karnak and the Israel Stela », *IEJ* 36 (1986) 188-200.
Renzi	L. Renzi, *Grande grammatica italiana di consultazione*. I. La frase. I sintagmi nominale e preposizionale, Bologna 1988.
Säve-Söderbergh	T. Säve-Söderbergh, « Bogenvölker », dans *LÄ* I (1975) 844-845.
Schäfer	H. Schäfer, *Urkunden der älteren Äthiopenkönige*, Leipzig 1905-1908.

Schulman — A.R. Schulman, « The Great Historical Inscription of Merneptaˑ at Karnak : A Partial Reappraisal », *JARCE* 24 (1987) 21-34.

Singer — I. Singer, « Merneptah's Campaign to Canaan and the Egyptian Occupation of the Southern Coastal Plain of Palestine in the Ramesside Period », *BASOR* 269 (1988) 1-10.

Spalinger — A.J. Spalinger, *Aspects of the Military Documents of the Ancient Egyptians*, New Haven - London 1982.

Velde — H. te Velde, « Horus und Seth », dans *LÄ* III (1980) 25-27.

Vernus — P. Vernus, « Formes «emphatiques» en fonction non «emphatique» dans la protase d'un système corrélatif », *GöttMisz* 43 (1981) 73-88.

Wainwright — G.A. Wainwright, « Merneptaˑ's Aid to the Hittites », *JEA* 46 (1960) 24-28.

Wb. — A. Erman - H. Grapow, *Wörterbuch der ägyptischen Sprache*, I-V, 4 ed., Berlin, repr. 1982.

Yaron — R. Yaron, « A Ramessid Parallel to 1 K ii 33, 44-45 », *VT* 8 (1958) 432-433.

Yoyotte — J. Yoyotte, « La campagne palestinienne du pharaon Merneptah. Données anciennes et récentes », dans Laperrousaz, 109-119.

Yurco — F.J. Yurco, « Merenptah's Canaanite Campaign », *JARCE* 23 (1986) 189-215.

Alviero NICCACCI, O.F.M.

22 novembre 1994

THE HISTORICAL BACKGROUND TO THE EXODUS: PAPYRUS ANASTASI VIII

Papyrus Anastasi VIII, a letter from the scribe Rʿ-msw to the scribe Ḏḥwty-m-ḥb, exhibits a number of motifs which are also present in the story of the Exodus. No one single motif provides indisputable "proof" of the Exodus — there is no mention of an Egyptian prince of Hebrew origin whose brother turns staffs into serpents. Yet the sum of these motifs can not be considered casual or insignificant. Many of these motifs are also present in the literary text "The Prophecy of Nfr.tj". The importance of p. Anastasi VIII is that it is an authentic letter dealing with immediate historical events[1].

The First Motif: Semites in Egypt.

Exodus 1:7: But the Israelites were fertile and prolific; they multiplied and increased very greatly, so that the land was filled with them.

The presence of numerous Semites in this period in Egypt in general and in the Delta in particular is a well-known and undisputed fact, and p. Anastasi VIII gives its share of examples. The most obvious Semite is 3ny (Heb. *ʾly*, "Eli"), son of Py3y (cf. Heb. *plʾ* "wonder"), who is, moreover, specifically mentioned as being from the Delta (see below). Srdy (cf. Heb. *śryd* "remnant") is a fisherman of unknown provenance[2]. I3, who is certainly of

[1] For a translation of the entire text and philological notes see S. I. Groll,, "Unconventional Use of the System of Shifters as a Means of Signaling the Use of Different Sources: Papyrus Anastasi VIII in the Light of the 'Standard Theory' " (forthcoming).

[2] Srdy works from a *K3-r3*-boat. The *k3-r3*-boats were small boats of Semitic origin, the name equivalent to Hebrew *kly* (e.g., Isa. 18:2: *kly gmʾ* "reed boats"), as opposed to the native Egyptian *mnš*-boats and the *ʿḥʿ.w*-boats. Antipathy towards Semitic culture may be reflected in p. Anastasi VIII, r. 111, 13-14: "Furthermore, as for the *k3-r3*-boats y of the fishermen, what's their size anyway? As for the *ʿḥʿ w*-boats of [the] fishermen, you can depend on them." Ḏḥwty-m-ḥb had issued an order that the Egyptians not use the *k3-r3*-boats, as, in his opinion, only the native Egyptian boats could be trusted.

non-Egyptian ancestry and may be a Semite, had managed to advance to the important office of personal scribe of the powerful Ḏḥwty-m-ḥb (p. Anastasi VIII, v. 7-9): "Write (me) ...with the assistance of the servant I3, after you (Ḏḥwty-m-ḥb) write a letter of protocol with his (I3's) assistance...".

The Second Motif: The Eastern Delta and the Reed Sea.

Exodus 9:26: Only in the region of Goshen, where the Israelites were ...

Although the precise location may be disputed, there is a scholarly consensus that the land of Goshen is to be located in the Eastern Delta: "the evidence at hand suggests that the biblical "land of Goshen" was located in the Egyptian Delta in the general region of modern Fâqûs, Saft el-Hinna, and Tell ed Dabʿa/Qantîr."[3]

Much of p. Anastasi VIII revolves around people who are associated with the Eastern Delta.

Rʿ-msw is known to have lived in Thebes, but he was also responsible for royal lands in the Delta[4] and in the letter expresses his intention to undertake a (military) journey to Pi-ramesses (biblical Ramesses).[5]

The Semite 3ny was from a town called " ʿpr-31 of the great statue of Ramesses, l.p.h., the sun of the rulers".[6] It would seem that ʿpr-31 is to be located at or near Qantîr because of the colossi that were found there.[7]

---

3 *The Anchor Bible Dictionary,* vol. II, (ed. D. N. Freedman), New York, 1992, p. 1077.

4 See: C. J. Eyre, *Employment and Labour Relations in the Theban Necropolis,* Ph.D. thesis, 1980, p. 137, n. 20, 21 .

5 P. Anastasi VIII, r. II, 5-10 (see below).

6 The word *ʿpr-31 is* composed of two Semitic words: *ʿpr (ʿbd* "servant, worshipper") and *31(ʾl,* the Semitic deity El), and literally means "the servant, worshipper of El". It contains two determinatives: "reversed legs" and "town". "Reversed legs", a very peculiar determinative for a place name, perhaps indicates that the city and the temple of the same name had to do with fugitives, perhaps Semitic nomads who came through *P3-ṯwf* (see below). The temple would have been their first station in Egypt for worshipping the deity El. That this entry into Egypt was authorized by Ramesses II is shown, I believe, by the fact that the temple contained a colossal statue of him.

7 See: C. J. Eyre, *Employment and Labour Relations in the Theban Necropolis,* Ph.D. thesis, 1980, pp. 76-80.

Ḏḥwty-m-ḥb was, among other things, responsible for the salaries of sailors in the Eastern Delta (p. Anastasi VIII, r. I, 1-6) and the supply of oats to Pi-ramesses (p. Anastasi VIII, r. III, 11-12).

Rʿ-msw suspects that the high-ranking official P3-sr embezzled supplies that were meant for the cenotaph of Ramesses II at Pi-ramesses (p. Anastasi VIII, r. I, 9 -11) : "As for the oats of the god who is in (the) tomb of Ramesses-Meri-Amon (Ramesses II), l.p.h., which is on the bank of the river P3-rʿ, to whom were they given as a shipment? Did not the scribe [P3-sr] go in order to cause that they be sold as [his] (private) shipment?".[8]

Rʿ-msw speaks of the produce of a region called P3-ṯwf (p. Anastasi VIII, r. III, 4, 12 (without the definite article *p3)).* The word has the determinative "plant", *ṯwf;* in effect, being an Egyptian word for "reed". The same place name occurs in the Onomasticon of Amenope (418) where it is given the determinatives "Delta" and "town". In p. Anastasi III, r. II, 11-12 P3-ṯwf is praised in parallel with Shi-Ḥor, the eastern offshoot of the P3-rʿ branch of the Nile, as the place from which Pi-ramesses receives its reeds. It must have been a very well-watered region. M. Bietak locates P3-ṯwf south of Shi-Ḥor.[9] The location and the phonetic and semantic similarity indicate that P3-ṯwf is, in effect, the Yam Sûf "Reed Sea" of the Exodus.[10]

The Third Motif: Troubled Conditions.

Exodus 6:6: Say, therefore, to the Israelite people: I am the LORD. I will free you from the labors of the Egyptians and deliver you from their bondage. I will redeem you with an outstretched arm and through extraordinary chastisements.

While I would be the last to claim that they died for not having sprinkled blood on their doorposts and lintel, I know of no other non-literary Egyptian text that reports the (nonjudicial) deaths of so many people. The Semite sailor 3ny and his children have all died in apparently suspicious circumstances.[11] The crewmen of another *mnš*-boat have also died.[12]

---

8 The river P3-rʿ is the easternmost branch of the Nile (see: M. Bietak, *Tell El-Dabʿa II,* Wien, 1975, p. 120 and Abb. 23).

9 See M. Bietak, *Tell El-Dabʿa II,* Wien, 1975, Abb. 23.

10 Cf M. Bietak, *Tell El-Dabʿa II,* Wien, 1975, p. 136.

11 P. Anastasi VIII, r. I, 6-9: "Furthermore, I (Rʿ-msw) heard as follows: The crewman of the *mnš*-boat 3ny, son of Py3y, of the town "Servant of El of the great statue of Ramesses, l.p.h., the sun of the rulers" has died together with his children. Is it true? [Is it] false? What did the Commander of the Gate of the Fortress do with the

The conditions are so unsettled that Rʿ-msw has decided to depart on a (military) journey (*mšʿ*) to Piramesses to rectify the situation by force (p. Anastasi VIII, r. II, 5-10): "We are about to go on a (military) journey ... I will spend from the 8th to the 10th of the second month of the Inundation there (Memphis) and then we will depart for Pi-Ramesses-Meri-Amon, l.p.h., if we are alive." The statement "if we are alive" does not seem to be hyperbole, for it is not at all a common expression.

The Fourth Motif: Drought.

Exodus 14:21: Then Moses held out his arm over the sea and the LORD drove back the sea with a strong east wind all that night, and turned the sea into dry ground.

p. Anastasi VIII, r. I, 2-6: "[The] Commander of the Gate of the Fortress sent me a letter saying that you were to bring three bars of silver in the form of a load of fish and oats ..., but 600 *šn*-stones and 700 [+X] *deben* of silver [in the form of] fish is the total that you have this year, which is fitting that you ship in a single day."

p. Anastasi VIII r. III, 3-5: "(If) there are no tamarisks in the P3-ṯwf region and if there is no (agricultural) tax produce which is supposed to be ready for me, under no circumstances is the barge to be manned and sent empty..."

p. Anastasi VIII r. III, 11-12: "As for the barge which sails to the city Ramesses II, [l.]p.h., loaded with oats each year, it will not come to you loaded with (agricultural) tax produce of (the) ṯwf (region)."

As noted above, P3-ṯwf was a well-watered region renowned as the source of papyrus for Pi-ramesses. Nevertheless, in the year that Rʿ-msw wrote p. Anastasi VIII there was a shortage of fish, oats, tamarisk and other agricultural tax products from P3-ṯwf, which indicates severe drought conditions. It was these conditions which provided the background to the tradition of the crossing of the Reed Sea.

---

shipment for the temple (that was entrusted to 3ny)?". I believe that the question "What did the Commander ...do with the shipment for the temple?" indicates that Rʿ-msw suspects that this official was in some way involved in 3ny's death.

12 P. Anastasi VIII, r. 1,13-16: "Look, his *mnš*-boat captain [ ] to go to have [these] two men of ours loaded with cargo, because they have this huge quantity of silver as cargo because their crewmen have died."

The Fifth Motif: The Middle Years of the Reign of Ramesses II.

The main characters in the letter are all very well known. They represent the elite group which managed Egyptian economic and political affairs during the middle years of the reign of Ramesses II. The author of p. Anastasi VIII, Rʿ-msw, is, in my opinion, the dominant figure of the period.[13] I believe Ḏḥwty-m-ḥb to be the same Ḏḥwty-m-ḥb who, as a specialist in medical herbs, was sent to the land of the Hittites in order to heal the daughter of the Hittite king. We know that Ḏḥwty-m-ḥb made this journey in the year 35 of Ramesses II.[14] The letter would seem to be later than this date; for Rʿmsw makes an allusion to Ḏḥwty-m-ḥb's knowledge of medicine and to the fact that he has now become a very important person (p. Anastasi VIII, r. II, 15 - III, 3): "Had you tru[ly] anointed yourself with *3s*-ointment (play on the word *3s* "quickness") and had you tru[ly] anointed yourself with the best of the *dr*-ointment (play on the word *dr* "entirety"), is it all the way to Heliopolis, empty, with a crew of six aboard that you would have sent the cattle barge which used to carry oats under the supervision of the (single) sailor Stw? (That's) right! You're (quite) a man now. (But) is it appropriate to be silent (in deference) to you concerning this act of negligence which you have committed?" Rʿ-msw, on the other hand, died (or disappeared from the extant documentation) in the year 39 of Ramesses II.[15] We can therefore date p. Anastasi VIII to the years 36-39 of Ramesses II. This accords well with the period to which many scholars date the Exodus.[16]

Conclusion:

Papyrus Anastasi VIII is written in the non-literary language of the 19th Dynasty. It can therefore not be likened to the "Prophecy of Nfr.tj", which was written in the literary language of its time. There is indeed much similarity between the two texts. Yet the "Prophecy of Nfr.tj" is a political-socio-theological treatise on the general state of affairs in Egypt during several hundred years, whereas p. Anastasi VIII is an authentic letter dealing with the practical, everyday life of administrating a region of the Eastern Delta at a known date with historical personages.

---

[13] See J. Černý, *A Community of Workmen at Thebes in the Ramesside Period,* Cairo, 1973, pp. 316-327.

[14] E. Edel, *Ägyptische Ärzte und ägyptische Medizin am hethitischen Königshof,* West Deutscher Verlag, pp. 59-63.

[15] J. Černý, *A Community of Workmen at Thebes in the Ramesside Period,* Cairo, 1973, p. 321.

[16] See (eg.) J. Bright, A *History of Israel* (2nd ed.), London, 1972, pp. 121-122.

The place, time, drought, troubled conditions and Semite presence are authentic historical motifs which relate p. Anastasi VIII to the story of the Exodus and the story of the Exodus to the middle years of Ramesses II. On the other hand, it should be noted that the inauthentic (literary) "chariot motif" of the story of the Exodus which, as Father Couroyer pointed out, was borrowed from the reliefs in the temple of Ramesses II at Pi-ramesses[17], is not present in p. Anastasi VIII.

Sarah I. GROLL

[17] L.B. Couroyer, "L'Exode et la bataille de Qadesh", *RB 97* (1990), pp. 321-358.

LE NOM DU VIZIR ‘APER-EL

C’est une grande satisfaction que de participer en tant qu’égyptologue à la *Journée Bernard Couroyer* organisée par l’École Biblique et Archéologique Française de Jérusalem sous la direction de Marcel Sigrist qui préside aux destinées de cette prestigieuse institution. Le Père Couroyer, que j’avais eu le plaisir de rencontrer brièvement il y a fort longtemps, restera en effet une grande figure scientifique, un de ces savants, peu nombreux, qui ont su maîtriser le double domaine, si vaste, de l’Égypte et de la Bible. Ses enquêtes, appuyées sur une érudition sans faille, restent souvent des classiques et c’est toujours avec autant de curiosité et d’intérêt qu’on se tourne vers la *Revue Biblique* pour y consulter ses articles et ses comptes rendus.

Je ne peux que regretter que le Père Couroyer ne soit plus là pour me donner son sentiment sur les questions que je soulève ici et qui auraient certainement suscité chez lui un intérêt réel. Ses remarques et ses commentaires auraient été précieux. C’est pourquoi je dédie à sa mémoire cette communication et cet article.

Ces quelques pages sont en effet consacrées à un sujet et plus précisément un personnage qui ressortissent avant tout du monde égyptien et on pourrait presque se demander pourquoi en parler en ce lieu et en ce jour. Et pourtant, un détail modifie notre point de vue et nous oblige, bon gré mal gré, à franchir la frontière qui sépare l’Égypte du monde de la Bible et plus largement du monde proche-oriental : le nom du personnage en question. Cette brève communication est en effet consacrée au vizir égyptien de la XVIIIe dynastie généralement désigné sous le nom d’Aper-El ou, sous une forme abrégée, ‘Aperia ; plus précisément elle est consacrée justement à ce nom.

L’homme n’est jusqu’ici connu que par sa tombe rupestre de Saqqarah, que je fouille, restaure et étudie depuis 1980 avec la *Mission Archéologique Française du Bubasteion*. Une tombe peu banale au demeurant, très vaste et très profonde (elle comporte quatre niveaux) ; et qui plus est, une tombe qui contenait encore un matériel funéraire exceptionnel, ainsi que les restes du vizir lui-même, de son épouse Taouret et de leur fils, le général Ḥouy.

Ces faits, auxquels s'ajoute l'époque à laquelle a vécu et exercé ʿAper-El, celle du pharaon Amenhotep (Aménophis) III et sans doute de son fils et successeur, Amenhotep IV - Akhénaton, justifient sans doute l'intérêt et souvent la perplexité que suscite le personnage. Mais intérêt et perplexité augmentent encore quand on considère le nom du personnage  ou  En effet, il s'agit visiblement là d'un nom peu banal et qui plus est, sans doute non-égyptien. La chose est d'autant plus remarquable, paraît-il, qu'on a affaire à un vizir, c'est-à-dire au plus haut personnage de l'État après le pharaon.

Une tombe peu banale, un trésor funéraire exceptionnel, un grand personnage inconnu par ailleurs, une époque brillante et qui a suscité beaucoup de questions, un nom sans aucun doute « étranger » et plus particulièrement proche-oriental : la rencontre de tous ces éléments explique peut-être qu'ici ou là des commentateurs aient manqué de prudence et n'aient pas hésité à faire de ʿAper-El un « étranger » et même plus particulièrement un « Oriental » : Syrien, Cananéen, voire Hébreu. Poussant plus loin et prenant en considération les hautes fonctions du personnage et le fait qu'il a peut-être servi Akhénaton, certains, coupant tous les ponts avec le réel et le raisonnable, peuvent même aller plus loin encore. Je ne saurais les suivre sur ce terrain.

Bien loin de recourir ainsi à des interprétations hâtives, je voudrais pour ma part rappeler que le travail sur le terrain, dans la tombe, est à peine en train de se terminer et que l'étude et la publication du très riche matériel funéraire découvert dans la chambre funéraire demanderont encore quelque temps, du fait de son importance quantitative et du très mauvais état de nombre d'objets ; ces circonstances particulières montrent combien certaines conclusions peuvent être erronées ou à tout le moins prématurées.

La découverte toute récente de toute une partie de la chapelle de la tombe, qui était entièrement cachée par un blocage de maçonnerie, a permis de mettre au jour des décors et des inscriptions très bien conservés. Elles nous fournissent beaucoup d'éléments nouveaux et importants sur plusieurs questions qui restaient encore ouvertes : datations, liens familiaux, titres et fonctions, chronologie, etc. Je ne m'arrêterai ici que sur la question du nom du vizir qui va aussi tirer profit de cette découverte, en utilisant également une donnée encore inédite fournie par un élément du mobilier funéraire. On a vu en effet que ce nom confère au personnage un surcroît d'intérêt, parfois douteux il est vrai. Il est donc nécessaire de savoir, une bonne fois, à quoi s'en tenir.

Dans la tombe proprement dite (inscriptions pariétales), jusqu'en décembre 1993, la situation se présentait ainsi :
— dans l'antichambre (chambre n°1), dont les représentations et les inscriptions sont très mal conservées, on rencontre deux mentions sûres du nom du vizir propriétaire de la tombe, l'une (gravée et en colonne) sur le quatrième panneau à droite et l'autre (peinte et en ligne horizontale) sur la corniche de droite, et sans doute une troisième, très peu lisible, (peinte en colonne) sur le troisième panneau. Le nom est chaque fois écrit sous sa forme brève : 
— dans la chapelle (chambre n°2), on trouve le nom du vizir gravé à plusieurs reprises sur les faces internes (est) des deux piliers ouest (les seuls dégagés et connus jusqu'en décembre 1993) ; trois fois sur le pilier nord, une fois sur celui du sud, beaucoup plus détruit sur cette face. Les piliers sont très mal conservés et de plus les inscriptions ont été martelées, mais les signes sont pour l'essentiel lisibles. On rencontre chaque fois la forme longue :

Entre la campagne 1980-1981 et celle de 1988, on n'a pas retrouvé d'autre mention du nom du vizir. Mais les choses ont changé avec la fouille en 1988 et 1989 du matériel funéraire découvert en 1987 dans une chambre au quatrième niveau de la tombe. Sarcophages, canopes, amulettes, etc. portaient le nom du personnage, confirmant ainsi qu'une partie du matériel était bien le sien. Toutes les mentions, gravées comme peintes, en ligne comme en colonne, donnent la forme brève du nom : 

Il y a cependant une exception, remarquable, sur laquelle nous reviendrons en détail plus loin. En effet, sur une coudée de bois par ailleurs riche en titres et en épithètes, le nom est écrit (gravé avec signes peints en blanc, en ligne) sous sa forme brève, mais avec une très intéressante variante, comme on le verra.

C'est ainsi que jusqu'en décembre 1993, on avait l'impression que la forme courte était beaucoup plus fréquente que la longue ; si l'on ajoute à cela le caractère mal conservé et peu lisible des versions longues sur les piliers, on peut éventuellement comprendre que ce soit la version courte qui l'emporte souvent dans les publications qui ont commencé à mentionner ça et là le personnage et souvent aussi dans l'usage courant, un peu comme si on mettait souvent en doute la lecture, voire la légitimité de la version longue, et, plus confusément, de tout ce qu’elle implique (caractère non-égyptien du nom, mention d’un dieu étranger...).

Mais les choses vont changer avec la découverte (durant les campagnes 1993-1994 et 1994-1995) de toute la partie emmurée et bouchée de la chapelle de la tombe (chambre n°2), avec ses niches cultuelles et un troisième pilier, celui du nord-est (le quatrième pilier n’existe plus). Cette découverte a en effet amené celle de plusieurs mentions du nom du vizir, qui donnent toutes la forme longue. Il s’agit d’abord des inscriptions en colonnes peintes sur les parois latérales de la niche centrale (le personnage reçoit des offrandes ou libations de deux de ses fils). Les autres mentions se trouvent dans deux inscriptions gravées (l’une en colonne, l’autre horizontalement) sur le pilier nord-est, consacré au fils aîné, le généralissime Houy, lui-même inhumé dans la chambre funéraire avec ses parents : toutes deux précisent la filiation de Houy, présenté comme *s3 n ṯ3t(y) ‘pr-i͗3r/l*, « fils du vizir ‘Aper-El ». Dans tous les cas, le nom est écrit  .

Que sait-on de ce nom ? En réalité, assez peu de choses. Celui-ci n’est pas attesté ailleurs que dans la tombe, comme anthroponyme du moins, car on connaît un toponyme identique (qui n’est peut-être pas sans rapport avec l’anthroponyme), mis à part le déterminatif et la graphie du second élément, El.

Ce toponyme figure sur une lettre conservée sur le Papyrus Anastasi VIII, datant de l’Époque Ramesside. On y mentionne, à propos d’une livraison de grains, la mort d’un certain Any fils de Pyay (?), un marin, et de ses enfants, qui sont « d’ (n) ‘Aper-El, de la grande statue de Ramsès aimé d’Amon, soleil des princes ». Il n’est pas dans mon intention d’entrer ici dans une discussion sur ce document et en particulier sur l’identification de cette statue de Ramsès II. Le toponyme est-il directement lié à la statue, donc situé en Égypte, ou bien désigne-t-il un lieu situé dans une contrée voisine ? La première solution est plus vraisemblable.

Il n’est en tout cas pas impossible qu’il existe un lien entre le vizir, propriétaire de la tombe de Saqqarah et jusqu’ici seul détenteur de ce nom, et le toponyme, celui-ci tirant peut-être son origine de celui-là, par l’intermédiaire d’un domaine ou d’une fondation portant son nom par exemple.

Si l’on ne connaît pas d’autre ‘Aper-El ou ‘Aperia, il n’en est pas moins vrai que les noms comportant l’élément ‘*aper* suivi du nom d’une divinité, toujours asiatique et en fait syro-palestinienne, sont bien attestés. On connaît ainsi des ‘Aper-Baâl, ‘Aper-Rechef, ‘Aper-Astarté, etc. Or, depuis longtemps la question s'est posée de l'interprétation de ce type de noms. Malgré les apparences, l'élément *'pr* ne peut être le verbe égyptien « munir », « équiper ». Et si on cherche du côté des langues du Proche-Orient, sémitiques ou non, on ne trouve pas non plus de solution convaincante. De plus, l'apparente similitude avec le nom des fameux 'Apirou/Ḫabirou a parfois compliqué inutilement les choses en risquant d'entraîner sur de fausses pistes. Face à cette situation, l'usage était donc et il est encore, chez les égyptologues, de s'en tenir à une pratique simple et de transcrire ce type de noms par « 'Aper », suivi éventuellement du nom de la divinité, d'où les lectures *'Aper-El* et *'Aperia.* Mais de telles transcriptions, pratiques et entrées dans l'usage, n'ont jamais prétendu refléter la prononciation réelle de ce type de noms, comme c'est du reste souvent le cas avec la transcription des noms proprement égyptiens eux-mêmes.

La question de la lecture réelle de ces noms restait, semble-t-il, ouverte. Pourtant, depuis les années soixante, une explication plutôt convaincante avait été proposée par un linguiste, Otto Rössler. Celui-ci avait en effet montré, avec de forts arguments à l'appui, que le groupe égyptien *'pr,* lorsqu' il était présent dans ce type d'anthroponymes, devait alors se lire *'bd(u).* Il fallait en fait voir dans ces noms des noms sémitiques construits sur la racine עבד, « servir », « être le serviteur de », et donc comprendre, selon les cas : 'bd(u)-trt, 'Istrt, 'bd(u)-B'l, 'bd(u)-3l, 'bd(u)-Ršf, « Le Serviteur d'Astarté »/ « de Baal »/ « d'El », « de Rechef », etc.

Le ' (ע) est en effet commun. L'alternance entre le *b* (ב) sémitique et le *p* égyptien n'a rien pour surprendre. Restait la question du *d* (ד) rendu par l'égyptien *r* ( ). Rössler a justifié avec beaucoup de vraisemblance cette transcription, le r correspondant dans ce cas à un r_2 dans sa présentation des choses. Mais sa démonstration, comme du reste l'ensemble de son propos, portait d'abord sur le Moyen Empire (en particulier avec les *Textes d'exécration*). De plus, cette étude n'avait pas dépassé l'audience d'un cercle étroit de spécialistes, de sorte que chez les égyptologues, même informés, l'habitude était restée de s'en tenir à la transcription en usage (*'aper...*).

La question de la lecture *'bd(u)* du groupe 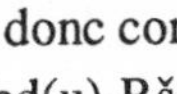 (*'pr*) a été reprise en détail en 1987, puis, récemment encore, en 1992, par Thomas Schneider, qui en a donné une présentation systématique et y a apporté certains compléments. C'est à lui qu'on se reportera pour tout ce qui concerne cette lecture, ses raisons d'être et ses implications.

Le « véritable » nom du vizir serait ainsi vraisemblablement, sous sa forme longue : *‘Abd(ou)-El.* Mais il est souvent rendu par une forme abrégée qui semble devoir être lue *‘Abdia* ou plutôt *‘Abdi.* Et c’est ici qu’intervient la graphie remarquable figurant sur une coudée de bois, que j’ai évoquée plus haut. Elle concerne en apparence la forme courte, mais elle vient en même temps confirmer de manière nette, me semble-t-il, la lecture *‘bd(u)* de l’élément *‘pr*, et donc les conclusions de Rössler et de Schneider, en même temps du reste qu’elle suggère que les Égyptiens eux-mêmes ont pu avoir des problèmes avec ce type de noms.

La coudée de bois MAFB 1989/53 est une pièce à tous égards remarquable. En elle-même, par rapport au corpus général des coudées votives, mais aussi par ses inscriptions. Trois de ses faces sont en effet couvertes d’inscriptions mentionnant des titres et des épithètes honorifiques du vizir, dont certains ne sont pas attestés ailleurs, comme *wpwty nsw*, « messager du roi » et *ḫrd n k3p*, « enfant du *kap* » (enfant élevé au Palais avec les princes). Et sur chacune des trois faces, l’inscription se termine avec le nom du vizir ainsi écrit : 

Cette graphie est tout à fait remarquable. Comment l’interpréter ? Naturellement, il ne saurait être question de lire ces signes *‘prdỉỉ3*. Cela n’aurait aucun sens. On ne voit qu’une explication possible. Celui qui a gravé les inscriptions de la coudée a voulu souligner la lecture *‘bd(u)* du groupe *‘pr*, lecture qui n’était peut-être plus du tout évidente (on relève en effet que vers l’Époque Ramesside les noms en *‘bd* vont de plus en plus être écrits d’une manière différente et moins ambiguë). Le signe  est donc un peu redondant, dans la mesure où il redouble le *d* de *‘bd(u)* (un *d* qui est rendu en égyptien par un r_2, ne l’oublions pas) et le *ỉ* de la terminaison *ỉ3*, et il faut sans doute lire normalement *‘bd(u)ỉ3*, comme dans tous les cas où on a simplement  qui pouvait se prononcer *‘Abdi.* Mais ces trois attestations d’une graphie exceptionnelle n’en restent pas moins précieuses : elles constituent une indication remarquable sur la graphie traditionnelle du nom et sur les difficultés que celle-ci pouvait soulever.

Reste maintenant à s’interroger sur cette forme courte et sur cette terminaison. En apparence, elles ne posent pas de problèmes : la tendance égyptienne à abréger les noms et à utiliser des hypocoristiques, en particulier au Nouvel Empire et avec les théophores, est en effet bien connue ; elle recoupe du reste une tendance identique dans les anthroponymes de la sphère orientale et en particulier dans les théophores des langues sémitiques.

De plus, on retrouve dans cette terminaison en *i3* une pratique très courante dans l'anthroponymie du Nouvel Empire en général.

Pourtant, il reste une possibilité qu'on ne peut pas écarter d'emblée. Le groupe  aurait pu à un certain moment servir à transcrire le sémitique אל , c'est-à-dire le nom de la divinité El. En effet, au Moyen Empire en tout cas, il paraît certain que le signe égyptien  (3) valait pour l. Certes, dans l'exemple qui nous occupe, nous sommes à la XVIIIe dynastie et non pas au Moyen Empire. Mais justement, la transcription des noms en *ʿbd(u)* au moyen du groupe *ʿpr,* c'est-à-dire avec r_2 pour rendre le *d,* était une pratique en usage sous le Moyen Empire qui allait progressivement disparaître avec l'Époque Ramesside ; une sorte d'archaïsme ou de survivance à la limite, dont l'exemple susmentionné de la coudée montre qu'elle pouvait être ressentie comme telle sous la XVIIIe dynastie. La question vaut donc la peine d'être posée : la graphie 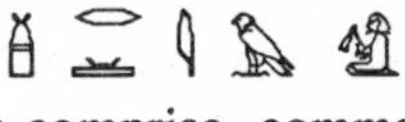 ne pouvait-elle pas à l'occasion être lue, ou en tout cas comprise, comme la forme longue, *ʿbd(u)-3l* ? Et dans ce cas, il n'y aurait pas de version abrégée du nom ou plutôt celle-ci serait le résultat d'une ambiguïté graphique voulue. L'avenir permettra peut-être de répondre définitivement à cette question et pour l'instant, on s'en tiendra donc à l'existence apparente de deux versions, la longue (complète) et la courte (abrégée ?).

Il faudrait encore se pencher rapidement sur la seconde partie du nom : le mot *El* ; on y trouvera peut-être, en effet, des éléments pour répondre à la question précédente. On sait ainsi que le nom de ce dieu syro-cananéen est habituellement rendu en égyptien à cette époque par les signes  et il n'est pas rare qu'on y ajoute le déterminatif des jambes tournées à contresens :  . Ce déterminatif est du reste souvent associé à la transcription égyptienne de certains noms de divinités étrangères. Il évoquerait peut-être l'idée de fuite ou le souhait ainsi exprimé par le scribe d'écarter le dieu en question ou de le voir repartir vers sa contrée d'origine. La question a été discutée et n'est pas réglée. Le cas d'ʿAper-El (ʿAbd(ou)-El) est peut-être révélateur à cet égard. En effet, alors que d'autres noms comportant l'élément El sont écrits avec le déterminatif  , et alors que c'est justement le cas — il faut le souligner — avec la mention d'ʿAper-El figurant sur le papyrus Anastasi VIII, les mentions du nom présentes dans la tombe ne comportent jamais le déterminatif  . Faut-il voir la une confirmation *a contrario* du caractère peu bienveillant de l'emploi de ce déterminatif ? Il aurait été en quelque sorte impensable de le faire figurer sur les graphies du nom d'un si grand personnage et qui plus est dans sa propre tombe.

Il sera ainsi intéressant à plus d'un égard de savoir si la forme courte du nom du vizir est vraiment une forme abrégée ne mentionnant pas le nom d'El ou si elle impliquait malgré tout, dans l'esprit du scribe et du lecteur, la présence implicite de celui-ci. La question n'a pas seulement un intérêt pour le linguiste et le spécialiste de la transcription des mots non-égyptiens en égyptien. Elle peut aussi avoir son importance pour l'étude du personnage et de sa tombe replacés dans le contexte de leur époque. Y a-t-il en effet un lien entre le choix d'une graphie et la chambre où celle-ci va figurer ? On sait que l'antichambre de la tombe comporte toujours la version courte et la chapelle (salle à piliers) la version longue, du moins dans l'état actuel du monument, très dégradé à certains endroits. C'est peut-être là un indice en faveur d'un certain étalement dans le temps de l'aménagement et de la décoration de la tombe, lequel transparaît aussi à travers d'autres faits. Il peut alors s'agir d'une simple évolution du mode de transcription, en particulier si la terminaison peut être ressentie comme faisant implicitement référence à El. Mais, que l'élément El soit implicite ou non, on pourrait aussi voir là une indication chronologique précise et en même temps un fait d'ordre « idéologique ». Les graphies courtes correspondraient alors à la radicalisation des conceptions atonistes sous le règne d'Amenhotep (Aménophis IV) devenu Akhénaton : il s'agirait d'éviter de mentionner d'autres divinités qu'Aton. Ecrire la forme complète (et explicite si on admet que la forme courte n'exclut pas tout à fait El) aurait constitué une sorte de faute de goût ou même un « délit ». Mais admettre cette explication oblige à faire coïncider les phases de la décoration de la tombe avec des phases précises de l'évolution politico-religieuse générale. C'est possible, comme le confirmerait par exemple le fait que ce soit justement dans la première chambre que figure une référence explicite à « Aton vivant ». Mais c'est en même temps créditer les scribes et les graveurs memphites d'instructions précises et d'un esprit de système qu'on ne leur connaît pas toujours. C'est également attribuer peut-être trop d'importance à cet élément « El ». C'est enfin résoudre peut-être un peu trop vite la question de la chronologie précise relative d'une part à l'aménagement et à la décoration de la tombe et des trousseaux funéraires qu'elle contenait, et d'autre part aux inhumations successives qui s'y sont déroulées. Car cette question est encore ouverte, à la suite des découvertes des deux dernières campagnes, et son étude prendra encore quelque temps.

Toujours est-il que les égyptologues comme les spécialistes du monde proche-oriental vers le milieu du deuxième millénaire, et en particulier ceux qui, dans les deux groupes, s'intéressent au domaine si riche des connexions avec l'Égypte pharaonique (comme c'était le cas de Bernard Couroyer) apprécieront sans doute de voir la figure évanescente du vizir égyptien ʿAper-El prendre un peu plus de consistance sous le nom d' ʿAbd(ou)-El. Mais il reste encore beaucoup à faire avant d'en savoir éventuellement un peu plus sur ce personnage et sa famille.

Alain ZIVIE

TABLE DES MATIÈRES

ACHEVÉ D'IMPRIMER
EN FÉVRIER 1997
PAR L'IMPRIMERIE
DE LA MANUTENTION
À MAYENNE
N° 33-97